御朱印でめぐる奈良のお寺

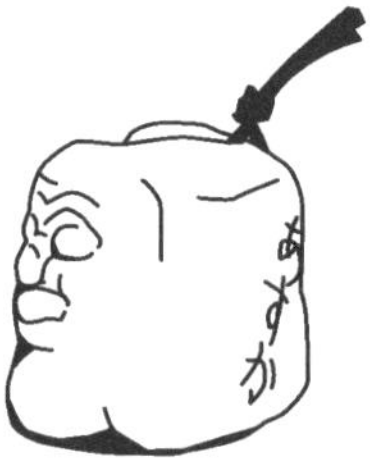

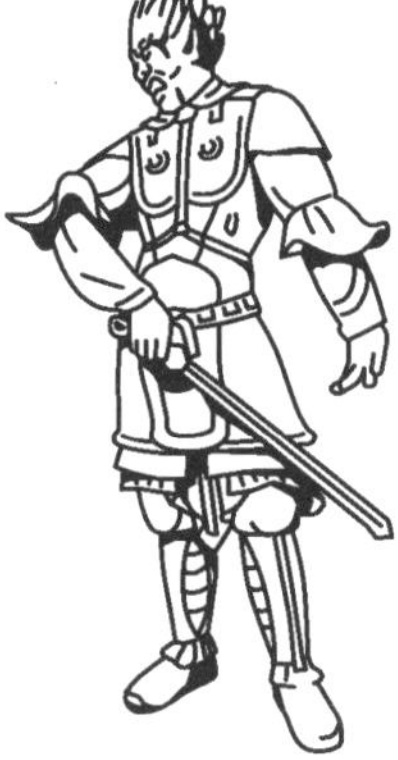

御朱印のありがたさ

都は最先端の場所でなければならない。

千年間も都であり続けた京都は、いつも最先端でなければならなかったので、どんどん変化していった。応仁の乱で焼けたばかりではなく、京都自体が前へ進み続けたゆえ、奈良に比べると京都には意外なほど古いものが少ない。

奈良も奈良時代には最先端の場所だった。しかし、都が京都へ遷ると最先端である必要がなくなった。変化し続ける必要もなくなった。大規模な戦乱が少なかったこともあり、奈良には奈良時代がよく残っている。

もしも、奈良時代がつまらないものしか産み出さなかった時代であるならば、奈良はどこよりもつまらない場所になっていたことだろう。しかし、現

実はその逆だった。奈良時代は最高のものを産み出した時代。奈良時代の仏像、奈良時代の写経、正倉院宝物をはじめとする奈良時代の工芸品、これらは人類が作り出した〈最高のもの〉に属する。

京都では、庭や襖絵を見るために寺へ行くことが多い。奈良では、仏像に会うために寺へ行く。奈良時代よりさらに古い飛鳥時代以来の各時代の仏像が、奈良には数え切れないほど多く祀られている。仏像、つまり仏との出会い、それが奈良の寺へ行く目的である。奈良では人と仏さまの距離が近い。だから奈良では御朱印が本当にしみじみとありがたく思える。

奈良国立博物館　名誉館員

西山　厚

目次 ～もくじ～

春夏秋冬。この季節にはこの古寺を訪ねるべし！

奈良御朱印めぐり全マップ

せっかく御朱印めぐりに行くなら、花や行事が楽しめる季節に訪ねたいもの。そこで掲載全寺を訪ねたい季節別にしてみました。桜の季節はやはり吉野山。大野寺のシダレ桜は4月中旬までが見ごろ。飛鳥寺周辺にはレンゲの絨毯が広がります。5月は長谷寺や當麻寺のボタン、6月になると室生寺や岡寺でシャクナゲが見られ、大勢の見物客が押し寄せます。

般若寺はコスモスの寺として有名です。法起寺・法輪寺周辺もコスモスの季節に訪ねたいところ。紅葉狩りなら岡寺や円成寺、奈良市内の中心部では不退寺です。静寂の雪景色を堪能するなら海龍王寺へ。初詣でにぎわうのは朝護孫子寺や薬師寺、興福寺です。

夏（6～8月）

室生寺・岡寺（シャクナゲ）、長弓寺（アジサイ）、唐招提寺・十輪院（ハス）、帯解寺（大法会）、西大寺（菩提樹）

春（3～5月）

東大寺（修仁会）、飛鳥寺（レンゲ）、金峯山寺・竇山寺・如意輪寺・大野寺・法起院（桜）、長谷寺・當麻寺（ボタン）、中宮寺・榮山寺（山吹）、法華寺（ひな会式）、長岳寺（ツツジ）

秋（9～11月）

橘寺（酔芙蓉）、元興寺（キキョウ）、新薬師寺（萩）、般若寺・法起寺・法輪寺・法隆寺（コスモス）、円成寺・不退寺（紅葉）

冬（12～2月）

海竜王寺（雪景色）、朝護孫子寺・薬師寺・興福寺（初詣）

※この季節以外にも各寺院の境内にはさまざまな花が開花します。

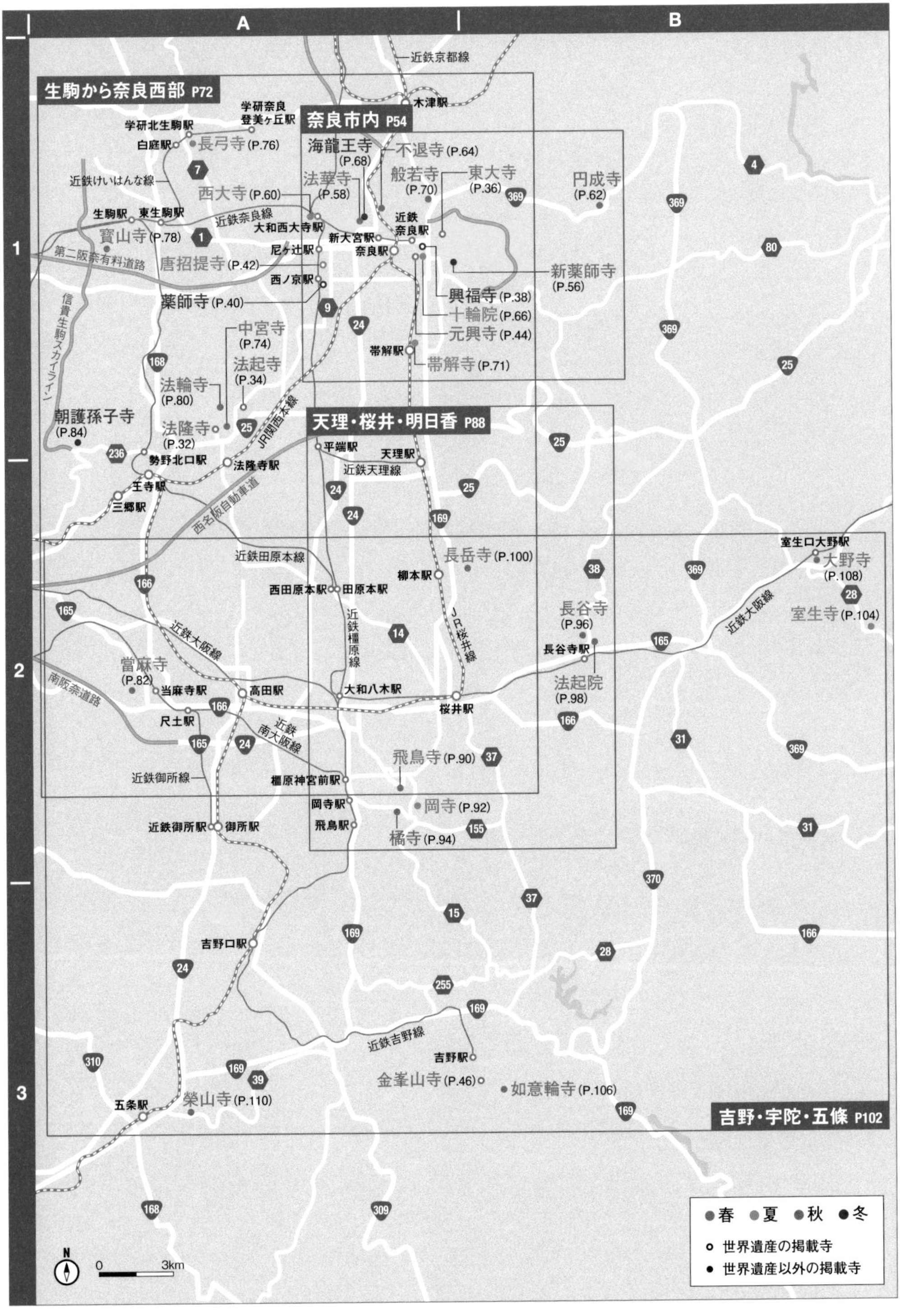
生駒から奈良西部 P72
奈良市内 P54
天理・桜井・明日香 P88
吉野・宇陀・五條 P102
近鉄京都線
木津駅
学研奈良登美ヶ丘駅
学研北生駒駅
白庭駅
長弓寺(P.76)
海龍王寺(P.68)
不退寺(P.64)
般若寺(P.70)
東大寺(P.36)
円成寺(P.62)
近鉄けいはんな線
法華寺(P.58)
西大寺(P.60)
生駒駅
東生駒駅
近鉄奈良線
大和西大寺駅
近鉄奈良駅
新大宮駅
奈良駅
寶山寺(P.78)
尼ヶ辻駅
第二阪奈有料道路
唐招提寺(P.42)
西ノ京駅
新薬師寺(P.56)
興福寺(P.38)
十輪院(P.66)
元興寺(P.44)
薬師寺(P.40)
信貴生駒スカイライン
中宮寺(P.74)
帯解駅
帯解寺(P.71)
法起寺(P.34)
法輪寺(P.80)
朝護孫子寺(P.84)
法隆寺(P.32)
JR関西本線
平端駅
天理駅
近鉄天理線
勢野北口駅
法隆寺駅
王寺駅
三郷駅
西名阪自動車道
近鉄田原本線
長岳寺(P.100)
柳本駅
西田原本駅
田原本駅
室生口大野駅
大野寺(P.108)
近鉄橿原線
JR桜井線
長谷寺(P.96)
長谷寺駅
近鉄大阪線
室生寺(P.104)
當麻寺(P.82)
当麻寺駅
高田駅
大和八木駅
桜井駅
法起院(P.98)
南阪奈道路
尺土駅
近鉄南大阪線
飛鳥寺(P.90)
近鉄御所線
橿原神宮前駅
岡寺駅
岡寺(P.92)
飛鳥駅
橘寺(P.94)
近鉄御所駅
御所駅
吉野口駅
近鉄吉野線
吉野駅
金峯山寺(P.46)
如意輪寺(P.106)
榮山寺(P.110)
五条駅
春
夏
秋
冬
世界遺産の掲載寺
世界遺産以外の掲載寺
N
0
3km
A
B
1
2
3

上手な古寺の歩き方 御朱印めぐりポイント

ひと言で「奈良の古寺」といっても、さまざまな表情をもち、その所在地も広範囲です。そこで上手にお寺めぐりをするポイントをいくつか紹介します。

☆初めての御朱印めぐりなら

奈良公園に点在するお寺からめぐりましょう。駅からのアクセスがよく、公園内は徒歩で回れるので移動も楽です。東大寺や興福寺では複数の御朱印を頂けるため、全部頂くと、この2寺だけでもかなりの数になります。

奈良公園の標識。徒歩範囲内に世界遺産の寺社が集まる

☆リピーターなら

円成寺、榮山寺など、交通が不便で往路に時間がかかるお寺へ、1日がかりでゆっくり参拝。

円成寺は奈良市中心部から約12kmあり、バス便も少ない

☆古道沿いに古寺を訪ねる

山の辺の道、佐保路、柳生街道、斑鳩の太子道など、古道沿いの古寺を訪ね、御朱印を集めてはどうですか？

山の辺の道沿いの白川ダム

☆長谷寺と室生寺は同じ日に

午前中は長谷寺と法起院、午後は室生寺に。室生寺では奥の院の御朱印を忘れずに。

女人高野室生寺

室生寺の山門。長谷寺から約1時間で来られる

☆古代史ロマンに浸るなら

飛鳥駅から高松塚古墳を経て明日香の古寺めぐりを。レンタサイクル利用がおすすめです。乗り捨て可能なレンタサイクルもあります。

岡寺の三重宝塔。岡寺以外に飛鳥寺や橘寺もめぐりたい

☆西大寺から西ノ京までは徒歩圏内

途中、菅原天満宮、垂仁天皇陵を見ながら約4・5㎞です。

☆初詣で御朱印めぐり

大晦日は列車も終夜運転、お寺も0時から開門。初詣専用の御朱印帳を用意して御朱印めぐりをしましょう。

☆観光バスやタクシーを活用する

効率よくお寺めぐりをするなら観光バス。JR・近鉄奈良駅から定期観光バスが発着しています。グループなら観光タクシー利用も便利です。

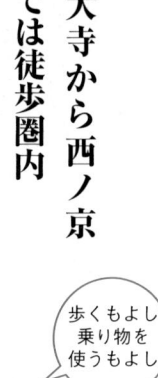

歩くもよし
乗り物を
使うもよし

そもそも御朱印とは？

これが御朱印帳。

「御朱印っていったいなに？
まさか、参拝記念スタンプとは
思ってないでしょうねッ！！」

御朱印はもともとお経を自分で書き写して、寺院に納め、その証に頂くものでした。御朱印を納経印あるいは宝印ともいい、御朱印を頂く場所を納経所とも呼ぶのはこのためです。しかし、御朱印はいつのころからか、納経しなくても、参詣の証に頂けるようになりました。とはいえ、スタンプではありません。御朱印は寺院の住職あるいは職員が印を押し、参詣した日付を墨書してくれるものです。特別な決まりはありませんが、日付のほかに本尊名、三宝印、寺名が入るものがほとんどです。

次のページに示したのは御朱印の読み方です。本書では寺院で頂いたすべての御朱印に読み方を記しています。御朱印への興味を深めてください。

お寺の御朱印セット

御朱印の読み方

奉拝・俗称の墨蹟と朱印

「奉拝」とは「参拝させて頂きました」の意味。朱印は寺院の俗称や「西国薬師第一番」など札所霊場であることが示される

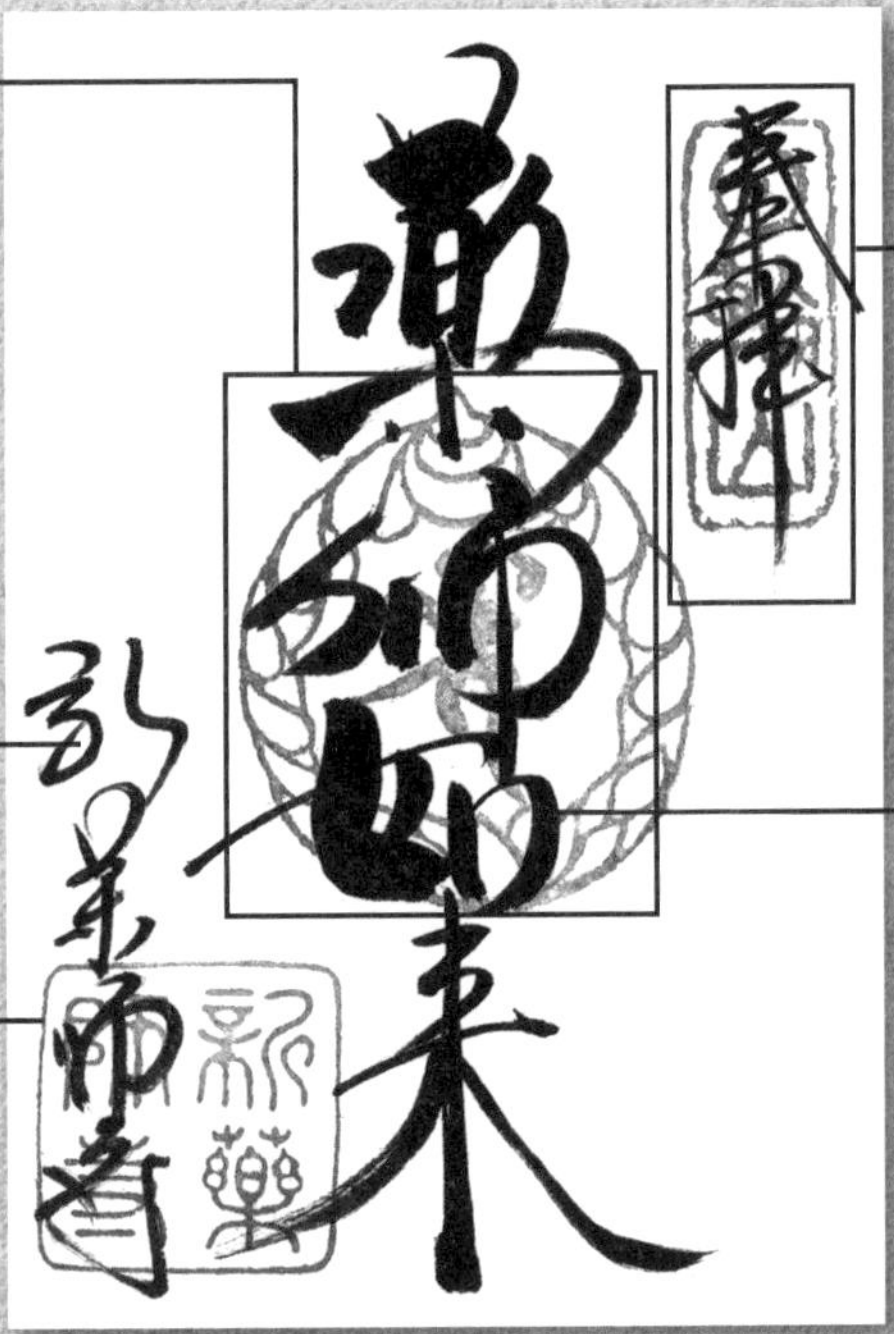

本尊名など

中央にはその寺院の本尊名など、参拝した仏の名が書かれる。本書では梵字や漢字の読み方、意味を記した

発願印

札所めぐりでは一番札所で押される。ただし、最初に参拝しなければ押してもらえない。巡礼の途中でお願いしてもダメなのだ

結願印

札所めぐりの最後とされている寺で押してもらえる。一番札所と同様、最後に行かなければ押してもらえない

印

本尊を梵字で表した印や三宝印などが押される。三宝印とは仏法僧宝の印。印の字体は篆書《てんしょ》という独特なものが多い。そこで本書では印の読み方を記した

寺号

寺の名前。ここに山号と寺号の両方が書かれた御朱印もある

寺院の印

寺院名の御朱印。本書では寺院名印の読み方を記した。なかには山号を彫った印もある。ほとんどが四角形だが、円形や梵鐘形など変わった印もある

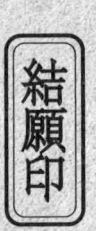

あれも、これも御朱印アート!!

じゃばらに
御朱印。
集めるごとに
マイアート。

掛け軸型御朱印。
うーん、
マニアック!

「シンプルだけど
文字の配置や印の朱が絶妙な
御朱印はこれぞアート。
御詠歌、イラスト入りもあり。」

お好みの
御朱印帳で!
アート・ユアセルフ!

御朱印は白い紙に墨蹟と鮮やかな朱印がバランスよく配置され芸術品を見ているようです。外国人のなかには和を象徴するアート作品として御朱印を集めている人もいるとか。御朱印では御詠歌を書いて頂けるところもあります。御詠歌の御朱印は短歌の短冊を思わせる華麗な字の配置です。また、京都の龍安寺では本尊名の箇所が水墨画を思わせる書体で石庭と書かれています。このようにイラストのような書体の御朱印もあります。御朱印はシンプルですが奥が深いのです。

ナビゲーター

シカオ&シカミと一緒
に楽しくめぐりましょう

エリア

歩きやすいよう寺院をエリア
別に掲載しました

奈良市内

不退寺【ふたいじ】

平安の歌人をしのんで

一条通りから北へ。小さな踏切を渡るとすぐ不退寺の南門に着きます。境内に入ると右側に放生池が広がり、正面に本堂が見えます。境内にはレンギョウ、ツバキ、ハギ、スイレン、モミジなど500種以上の草木が生い茂り、四季の草花が咲き乱れるという表現がぴったりです。

「門を入ると空気が変わったような気がしませんか」とお寺の方に言われました。確かに心地よい風が吹き、聞こえるのは鳥の声、境内全体が静けさに包まれています。

「ここは佐保山の丘陵地帯にあって、奈良市内とはいえ里山の麓と同様の環境なんです」

不退寺には、在原業平の祖父・平城天皇が茅葺きの御殿を営み、暮らした「萱の御所」を父の菩提を弔うため、業平が寺院に改めたという歴史があります。別名を「業平寺」ともいいます。

在原業平といえば平安時代を代表する歌人で「ちはやふる」の歌はあまりにも有名です。また『伊勢物語』の主人公のモデルとしても知られています。瀟洒な建物の本堂や花にあふれた境内など、寺院とはいえ、どこか雅な雰囲気が感じられるのは、そんな来歴にあるのでしょうか。

本尊は聖観世音菩薩立像です。宝冠帯に幅広のリボンを大きく蝶結びにしたような装飾が左右に施され、それがかわいらしい印象を与える仏像です。この仏像は平安初期のもので業平自作と伝えられます。

本尊の六器に供える草花は境内の花。柔らかな表情の観世音菩薩には、可憐な花々がふさわしい感じがします。草花の手入れは自然に任せています。

「農薬を使うと虫がいなくなるし、鳥が来なくなるんです。春にはウグイスが鳴き、カワセミのつがいが来ます。そうそう池には絶滅危惧種のニホンメダカがいるんですよ。カキツバタも植えているんですが、キショウブの方が増えてしまって……。ここは市街地から少し離れた郊外で、木に囲まれた静かなお寺です。時間に余裕をもって、仏様を拝み、境内を散策してください」と住職。

レンギョウが満開の春、緑濃い夏、そして紅葉、厳冬期には時折雪景色も見られます。四季折々に訪ねたいお寺でした。

本堂は鎌倉時代後期の建物。高床式に造られているので湿気が少なく、夏は涼しい。欄間に配された業平格子。業平が好んだ着物の柄という

草木が茂る境内。放生池にはキショウブが咲く。見事な紅葉は11月下旬から

庫裏の庭に置かれた石棺。5世紀のものと思われ、付近の古墳から運ばれたと推定される

南門は切妻造本瓦葺の四脚門。鎌倉時代の建築

①平城天皇元萱御所奉拝 ②本尊聖観音 ③不退寺のご本尊を示す印 ④不退寺 ⑤不退寺

DATA
宗旨/真言律宗
山号/金龍山
住所/奈良市法蓮町517
交通/近鉄新大宮駅より徒歩15分、または一条高校前不退寺口バス停より徒歩5分
拝観/9時〜17時
拝観料/500円
MAP:P.55 A-1
www3.kcn.ne.jp/~futaiji

65 64

御朱印解説番号

① 奉拝・俗称の墨蹟と朱印
② 本尊名など
③ 印
④ 寺号
⑤ 寺院の印
その他 発願印・結願印など

※P.29から続く世界遺産のお寺の解説も、同じマークで解説しています。
※御朱印の解説についてはP.11を参照してください。

地図解説

お寺の位置を地図で確認。宗旨、山号のほかに住所、拝観時間、拝観料などの基本データを記載してあります

本書をご利用になる皆さんへ

※本書に掲載の寺院はすべて写真・御朱印の掲載等許可を頂いています。堂内・境内撮影禁止の寺院にも取材ということで許可を頂きました。掲載許可を頂けなかった寺院は掲載していません。

※仏像名・施設名は各寺院で使用している名称に準じています。

※拝観料、拝観時間、参拝記念品や飲食の料金については2024年5月現在のものです。時間の経過により変更されることもあります。

御朱印基礎知識
これぞ正統派

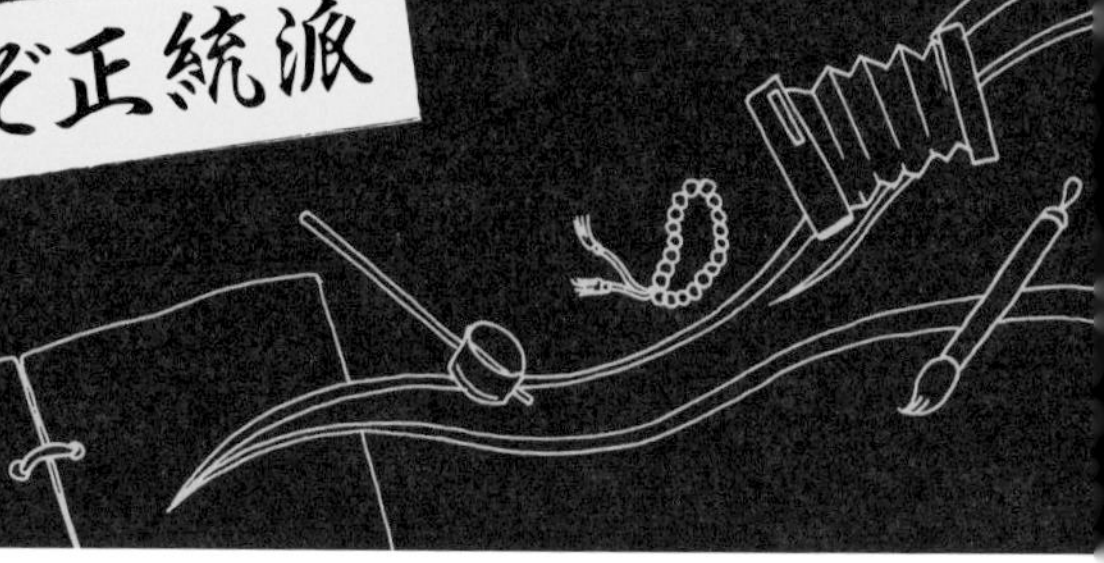

そのいち 正しく参拝

お参りもしないで、いきなり御朱印所へ直行なんてもってのほか。まずはきちんと参拝してから御朱印所へ行きましょう。

一、洗って清める

山門前で一礼し、手水舎まで進んだら手を洗い、口をすすぎ、身を清める。手の洗い方は右手で柄杓を持ち左手を洗い、次に左手で柄杓を持ち右手を洗う。口をすすぐ時には水を手にとってすすぐ。最後に柄杓に水を入れ、柄杓を立てる。こうすると自然と柄に水がかかり、柄をすすぐことができる

二、本堂到着！さあ、拝むべし

常香炉にお香を供え、お香の煙で心身を清めたら本堂へ。本堂では賽銭を賽銭箱に投じてから参拝する。本堂入口に納経できる箱があればここに写経を納める。箱がなければ御朱印を頂く時に受付で納経する

※合掌は本尊前で

三、読んで、念じて……

本尊に合掌し、読経。読経は大声でなくても、また心のなかで念じるだけでもいい。本尊前から去るときには一礼を。

昔から、御朱印を頂くとご利益があるとされ、
御朱印帳一冊をお棺に入れると極楽に行けるとも言われています。

そうです、御朱印はただの参拝記念スタンプじゃないんです。御朱印を書いてくれるお寺でも、「雑にならないよう心を込めて書いています」とのこと。

ですから、頂くほうもちゃんとした心構えで頂きたいもの。

そこで正しい御朱印の頂き方のレクチャーです。

四、クライマックス、ゴー朱印！

御朱印受付で御朱印を頂く。料金は300円前後

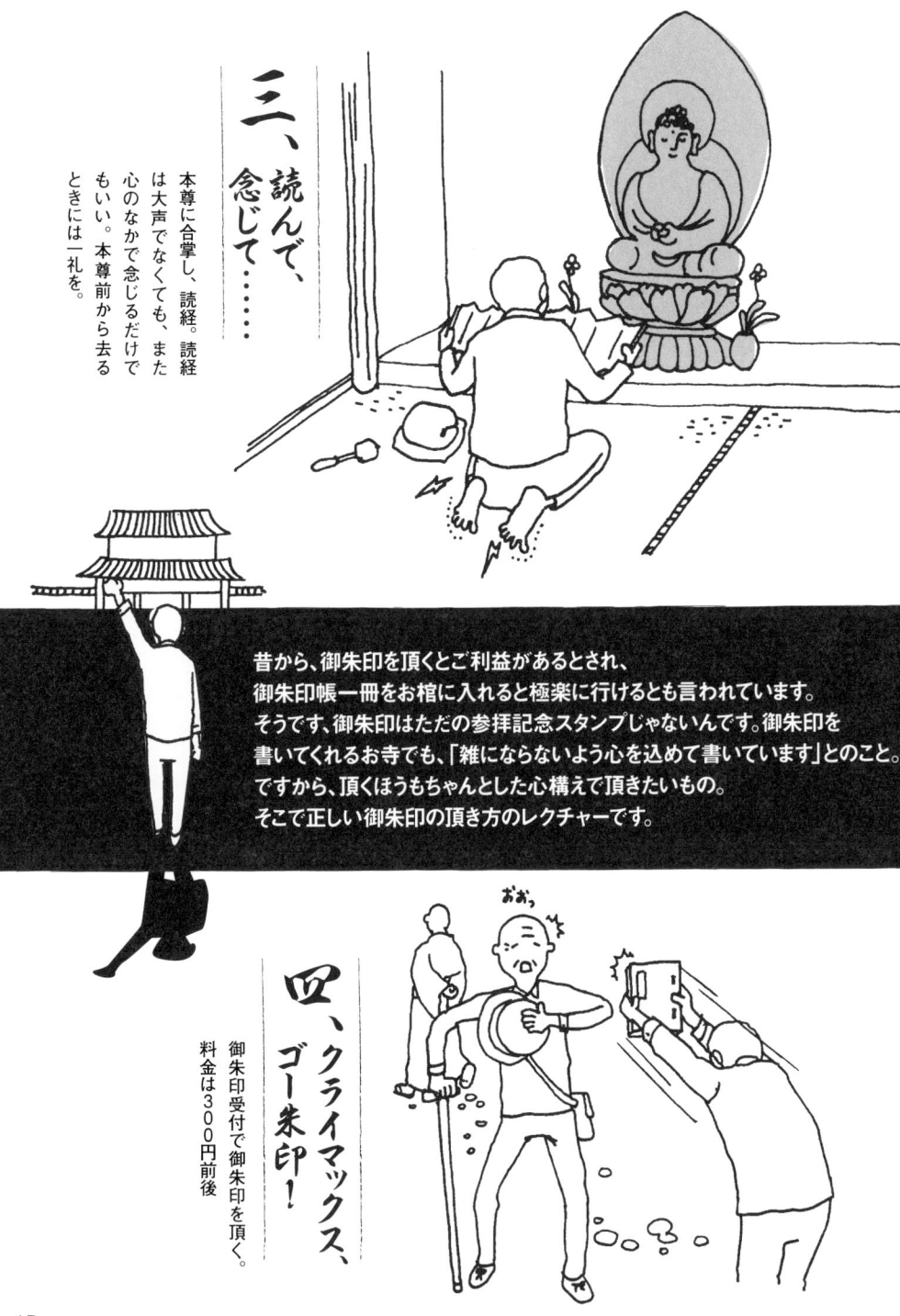

そのに
準備万端きちんと

参拝が済んだら、御朱印を頂きに行きます。
でも、チョット待って!
御朱印帳を差し出す前に
こんな準備をしておきましょう。

御朱印帳のカバーは外しておく

御朱印帳のヒモを緩めておく

ヒモで閉じてある御朱印帳は
ページを広げやすいように
ヒモを緩めておく

これくらい
ゆるゆるすぎ

小銭を用意しておく

御朱印は納経帳の場合、
300円前後。
5千円札や1万円札を出して
お釣りをもらおうなんて
とんでもない

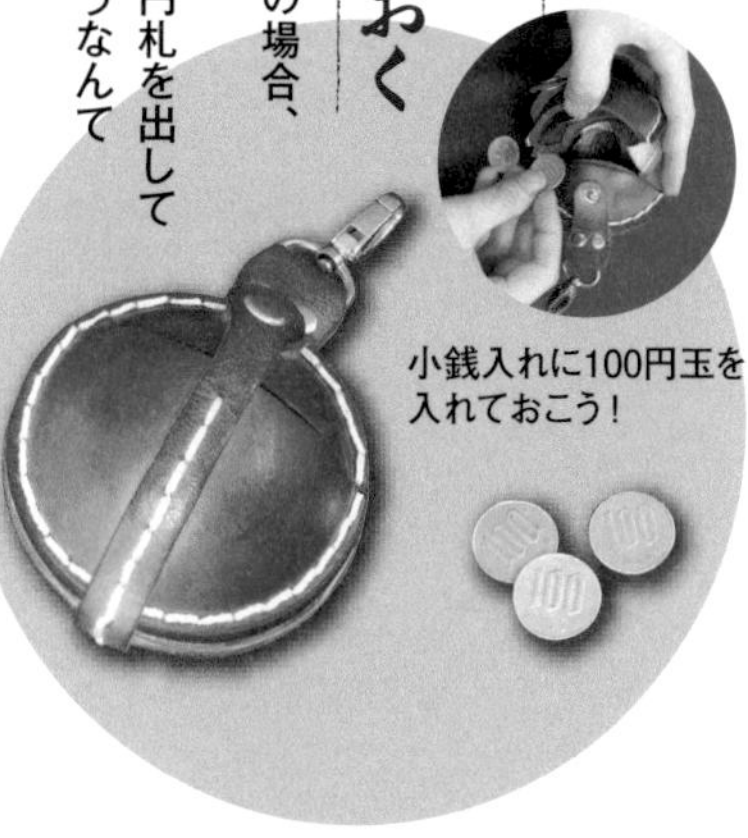

頂きたい御朱印をはっきり告げる

どの御朱印を
頂きたいのか
はっきり告げること。
寺院によっては
複数の御朱印がある

薬師如来さまを
おねがいします

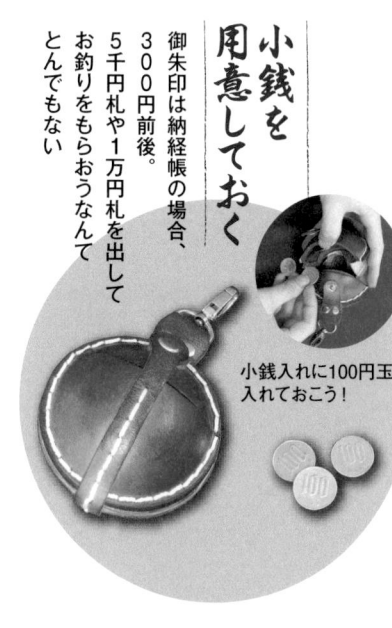

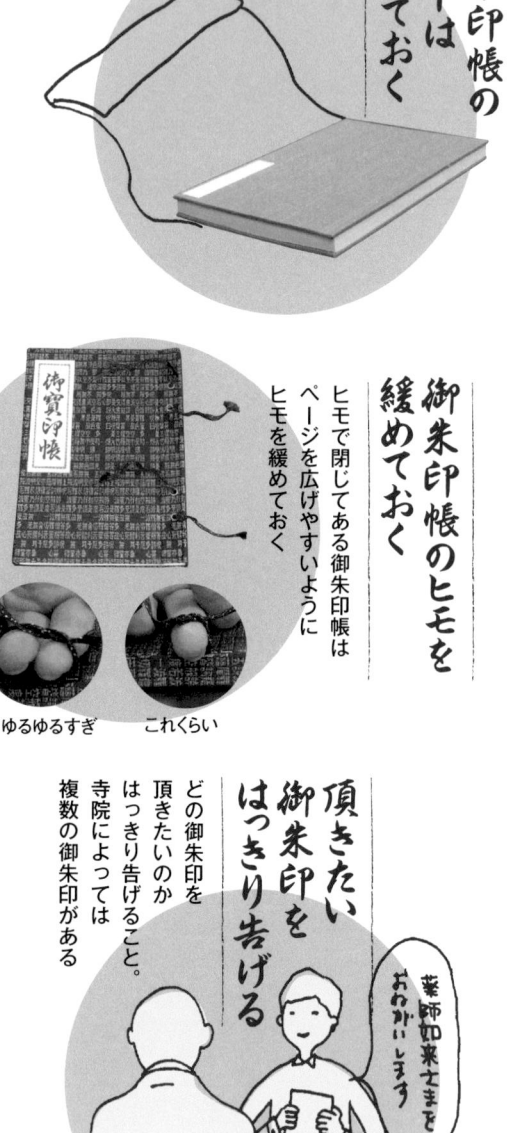

そのさん マナーを心得る

多くの寺院でマナーの悪い参拝者がいるという話を聞きました。そこで気持ちよく御朱印を頂くためにマナーを守りましょう。特に住職と家族が管理しているような寺院では夕刻や食事の時間帯、葬儀や法事、寺の行事などで忙しい時には遠慮するなどの気配りをしたいもの。以下のような行為はNG。ちょっとした気遣いがあればマナーを守るのは難しいことではないはず。

葬儀中に強引に
御朱印を頼むのはダメ

御朱印帳は必携。観光記念の
スタンプ帳やメモ帳になんて論外。
御朱印帳以外はダメという寺院もある

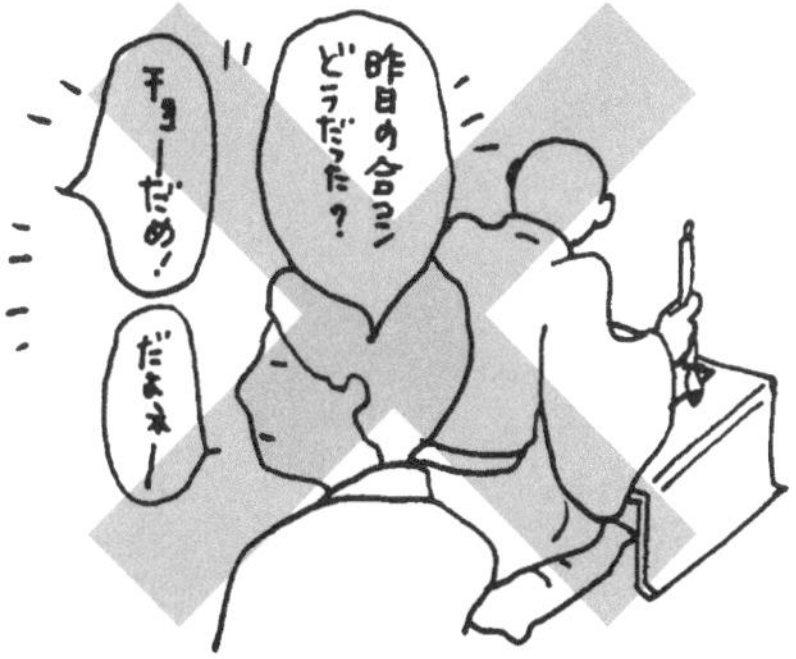

御朱印を書いてもらっている間、
大声でおしゃべりしない

お昼時間など
食事の時間におしかけない

本堂で寝ころんだり、
飲食するなんて巡礼の資格ナシ

大阪から日帰り世界遺産
弾丸メグルート

奈良観光のハイライト、本書で紹介している世界遺産の古寺社を駆け足でめぐるルートです。
「奈良・西の京・斑鳩回遊ライン」のバスが便利です。

大阪阿倍野橋 → 吉野（金峯山寺） → 法隆寺 → 薬師寺 → 唐招提寺 → 東大寺 → 春日大社 → 元興寺 → 興福寺

大阪安倍野橋駅7時発の近鉄南大阪線・吉野特急に乗車すれば終点吉野駅に8時19分に到着します。金峯山寺の開門は8時30分です。吉野山から法隆寺までは少し移動時間がかかります。

法隆寺へはJR利用なら、法隆寺駅で下車、バスを利用します。しかし、吉野駅から直通の列車はありません。そこでまず、吉野駅を9時33分の近鉄吉野線特急に乗り橿原神宮前駅で乗り換え、近鉄郡山駅に出ます。ここからJRの郡山駅まで歩き、JR大和路快速で法隆寺駅へ。法隆寺駅から西ノ京、東大寺周辺へは奈良交通のバス「奈良・西ノ京・斑鳩回遊ライン」が便利です。バスは1時間に1本あります。

吉野から近鉄奈良駅に出て、バスの回遊ラインを利用して西ノ京、法隆寺へ回るルートも可能です。

※列車、バスの時刻は2024年5月現在です。休日、季節によって変更の可能性があります。
各寺院では境内をゆっくり散策する時間はありません。

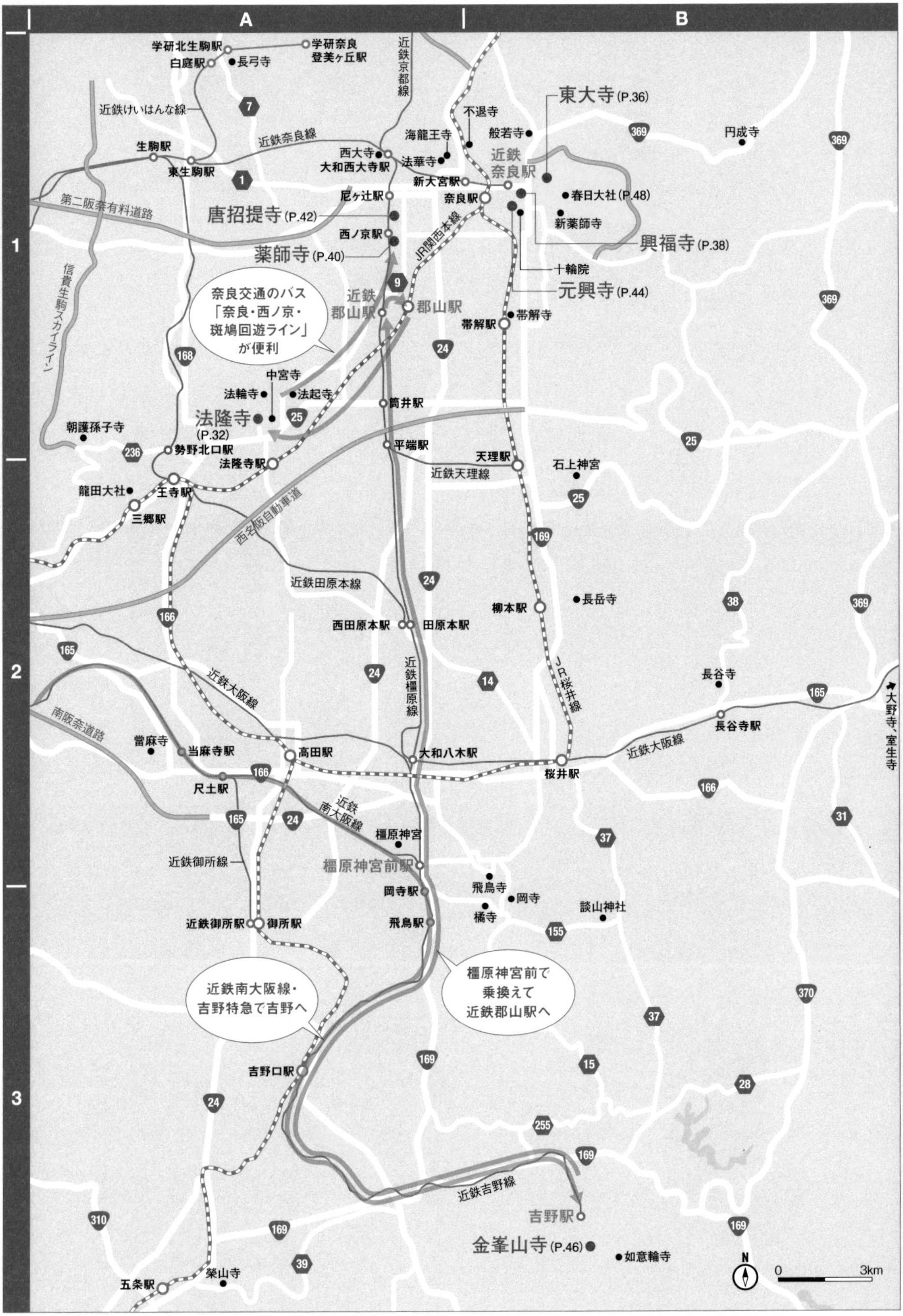
A
B
1
2
3
学研北生駒駅
学研奈良登美ヶ丘駅
白庭駅
長弓寺
近鉄京都線
近鉄けいはんな線
近鉄奈良線
生駒駅
東生駒駅
第二阪奈有料道路
信貴生駒スカイライン
東大寺(P.36)
不退寺
般若寺
海龍王寺
円成寺
西大寺
大和西大寺駅
法華寺
近鉄奈良駅
新大宮駅
奈良駅
春日大社(P.48)
新薬師寺
尼ヶ辻駅
唐招提寺(P.42)
西ノ京駅
薬師寺(P.40)
JR関西本線
興福寺(P.38)
十輪院
元興寺(P.44)
奈良交通のバス「奈良・西ノ京・斑鳩回遊ライン」が便利
近鉄郡山駅
郡山駅
帯解寺
帯解駅
中宮寺
法輪寺
法起寺
筒井駅
法隆寺(P.32)
朝護孫子寺
勢野北口駅
平端駅
天理駅
法隆寺駅
近鉄天理線
石上神宮
龍田大社
王寺駅
三郷駅
西名阪自動車道
近鉄田原本線
長岳寺
柳本駅
西田原本駅
田原本駅
近鉄橿原線
JR桜井線
長谷寺
近鉄大阪線
南阪奈道路
長谷寺駅
大野寺、室生寺
當麻寺
当麻寺駅
高田駅
大和八木駅
桜井駅
尺土駅
近鉄南大阪線
橿原神宮
近鉄御所線
橿原神宮前駅
岡寺駅
飛鳥寺
岡寺
橘寺
談山神社
近鉄御所駅
御所駅
飛鳥駅
近鉄南大阪線・吉野特急で吉野へ
橿原神宮前で乗換えて近鉄郡山駅へ
吉野口駅
近鉄吉野線
吉野駅
金峯山寺(P.46)
如意輪寺
五条駅
榮山寺
N
0
3km

京都から1泊2日 全エリア踏破メグルート

斑鳩、明日香、奈良市内、西ノ京など本書で紹介したエリアをすべて歩きます。
訪ねる古寺はそのエリアを代表するお寺です。

1日目

法隆寺周辺←明日香周辺←長谷寺←室生寺

京都駅を6時11分のJR奈良線で発車すれば7時31分に法隆寺駅到着です。法隆寺、中宮寺、法起寺を訪ね、駅に戻ります。明日香村に向かうには橿原神宮前駅からのバス便が便利。法隆寺駅9時37分のJR大和路線に乗り、郡山駅で近鉄郡山駅に乗り換えると10時41分に橿原神宮前駅。あるいは中宮寺前から9時28分のバスで筒井駅に出て9時44分の近鉄に乗車するルートもあります。

橿原神宮前駅から石舞台、岡寺をめぐる飛鳥駅行きのバスが10時36分に発車します。近鉄線に岡寺駅がありますが、駅から岡寺へはバス便がなく、徒歩1時間ほどかかります。

明日香を散策して再びバスで橿原神宮前駅へ。岡寺前から13時14分発のバス便があります。橿原神宮前駅から14時6分の近鉄線で大和八木を経由して長谷寺へ。夕方に室生寺まで行き、門前で1泊します。室生口大野駅から室生寺へのバスの最終便は15時58分です。

2日目

室生寺←長岳寺←新薬師寺←奈良公園←西ノ京

室生寺の開門は8時30分。早朝、散策しましょう。9時49分のバスで室生口大野駅へ。その後、近鉄大阪線急行で桜井駅へ。桜井駅北口から10時50分のバスに乗り柳本駅で下車し、長岳寺に。帰路は柳本駅まで歩き12時46分のJR桜井線で京終駅下車。新薬師寺を訪ね、東大寺、興福寺などを拝観。西ノ京駅に15時頃到着するように近鉄奈良駅を出発すれば唐招提寺や薬師寺が見学できます。

※列車、バスの時刻は2024年5月現在です。
休日、季節によって変更の可能性があります。
各寺院では境内をゆっくり散策する時間はありません。

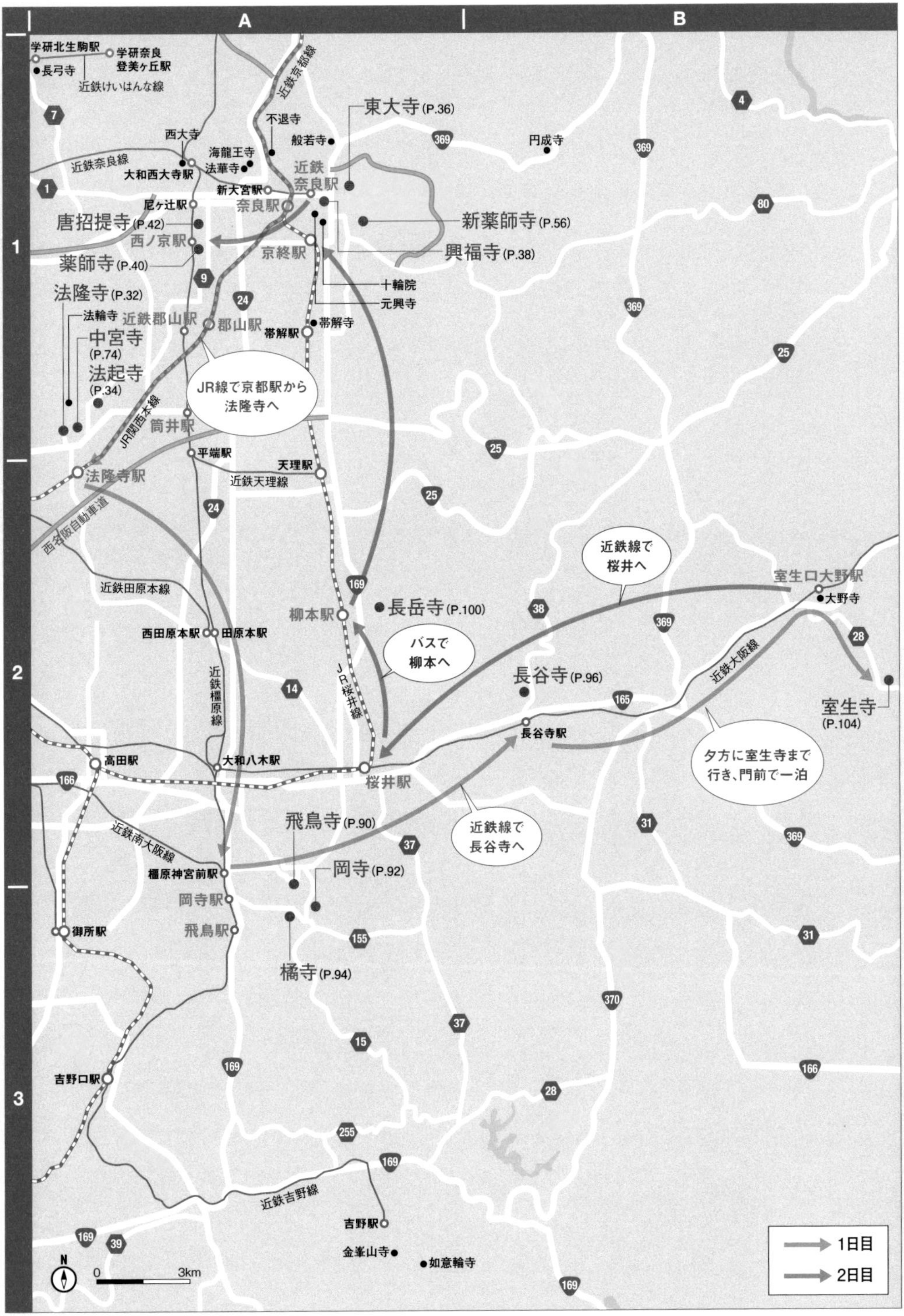
東大寺(P.36)
新薬師寺(P.56)
興福寺(P.38)
唐招提寺(P.42)
薬師寺(P.40)
法隆寺(P.32)
中宮寺(P.74)
法起寺(P.34)
法輪寺
十輪院
元興寺
帯解寺
不退寺
般若寺
海龍王寺
法華寺
西大寺
円成寺
長弓寺
長岳寺(P.100)
長谷寺(P.96)
室生寺(P.104)
大野寺
飛鳥寺(P.90)
岡寺(P.92)
橘寺(P.94)
金峯山寺
如意輪寺
学研北生駒駅
学研奈良登美ヶ丘駅
近鉄けいはんな線
近鉄京都線
近鉄奈良線
大和西大寺駅
新大宮駅
近鉄奈良駅
奈良駅
尼ヶ辻駅
西ノ京駅
京終駅
近鉄郡山駅
郡山駅
帯解駅
JR線で京都駅から法隆寺へ
JR関西本線
筒井駅
平端駅
天理駅
近鉄天理線
法隆寺駅
西名阪自動車道
近鉄田原本線
西田原本駅
田原本駅
近鉄橿原線
柳本駅
JR桜井線
バスで柳本へ
近鉄線で桜井へ
室生口大野駅
近鉄大阪線
長谷寺駅
夕方に室生寺まで行き、門前で一泊
高田駅
大和八木駅
桜井駅
近鉄南大阪線
近鉄線で長谷寺へ
橿原神宮前駅
岡寺駅
飛鳥駅
御所駅
吉野口駅
近鉄吉野線
吉野駅
1日目
2日目

掲載全寺5回でメグルート

本書で紹介した古寺を近鉄・JR奈良駅を起点に5回で全部拝観するコース。うまくアレンジしてコース作りの参考にしてください。

1回

円成寺 → 帯解寺 → 東大寺周辺 → 元興寺

近鉄奈良駅9時19分発のバスに乗り、忍辱山で下車し円成寺へ。復路は12時5分発のバスに乗りJR奈良駅西口で下車、JRで帯解寺に。拝観後、帯解駅13時59分発のJRで奈良駅に戻り、徒歩で興福寺、東大寺など周辺をめぐり、元興寺へ。

2回

長弓寺 → 西大寺 → 法華寺周辺 → 般若寺

近鉄奈良駅8時4分発で学園前駅に。バスに乗り真弓四丁目で下車、徒歩で長弓寺まで往復。9時44分のバスで学園前駅に戻り、10時11分発の近鉄で大和西大寺へ。大和西大寺駅11時37分発のバスで法華寺へ。ここから海龍王寺、不退寺、そして新大宮駅まで歩きます。新大宮駅15時14分発のバスに乗れば15時41分に般若寺到着。

3回

法隆寺 → 中宮寺周辺 → 朝護孫子寺 → 當麻寺

JR奈良駅9時発で法隆寺駅へ。徒歩で法隆寺や中宮寺周辺を拝観。法隆寺駅に戻って12時11分発の電車に乗り、王寺駅で乗り換え信貴山下駅。駅から12時33分発のバスに乗り、信貴山門で下車し朝護孫子寺へ。13時59分発のバスに乗り、信貴山下駅から14時36分発の近鉄に乗り王子駅、田原本駅、橿原神宮前駅と経由し、当麻寺駅に15時56分着。徒歩かタクシーで當麻寺へ。

4回

長岳寺 → 岡寺 → 橘寺 → 飛鳥寺 → 寶山寺

JR奈良駅8時発で柳本駅へ行き、徒歩で長岳寺に。柳本駅から桜井駅を経由して近鉄の大和八木駅へ行き、10時21分発で橿原神宮前駅へ。周辺散策後は11時36分発のバスで岡寺前へ行き、岡寺、橘寺、飛鳥寺を拝観。飛鳥大仏14時18分発のバスで橿原神宮前駅に戻り、14時38分発の近鉄で生駒駅に15時20分到着。生駒ケーブルで寶山寺へ。

5回

長谷寺 → 室生寺 → 吉野 → 榮山寺

近鉄奈良駅7時14分発で長谷寺駅に8時13分着。道中にある法起院を拝観後、徒歩で長谷寺へ。長谷寺駅に戻り9時59分発で室生口大野駅下車。駅から10時19分発のバスで室生寺。帰路は11時49分発に乗車、大野寺下車。拝観後、室生口大野駅まで歩き、12時50分発の近鉄で吉野駅へ。吉野山をめぐり、吉野駅15時12分発の近鉄に乗り、吉野口駅でJRに乗り継ぐと五条駅に16時1分着。タクシーで榮山寺へ。

※列車・バスの時刻は2024年5月現在・平日のものです。休日・季節により変更の可能性があります。
各寺社では境内をゆっくり散策する時間はありません。また休憩時間も含まれていません。

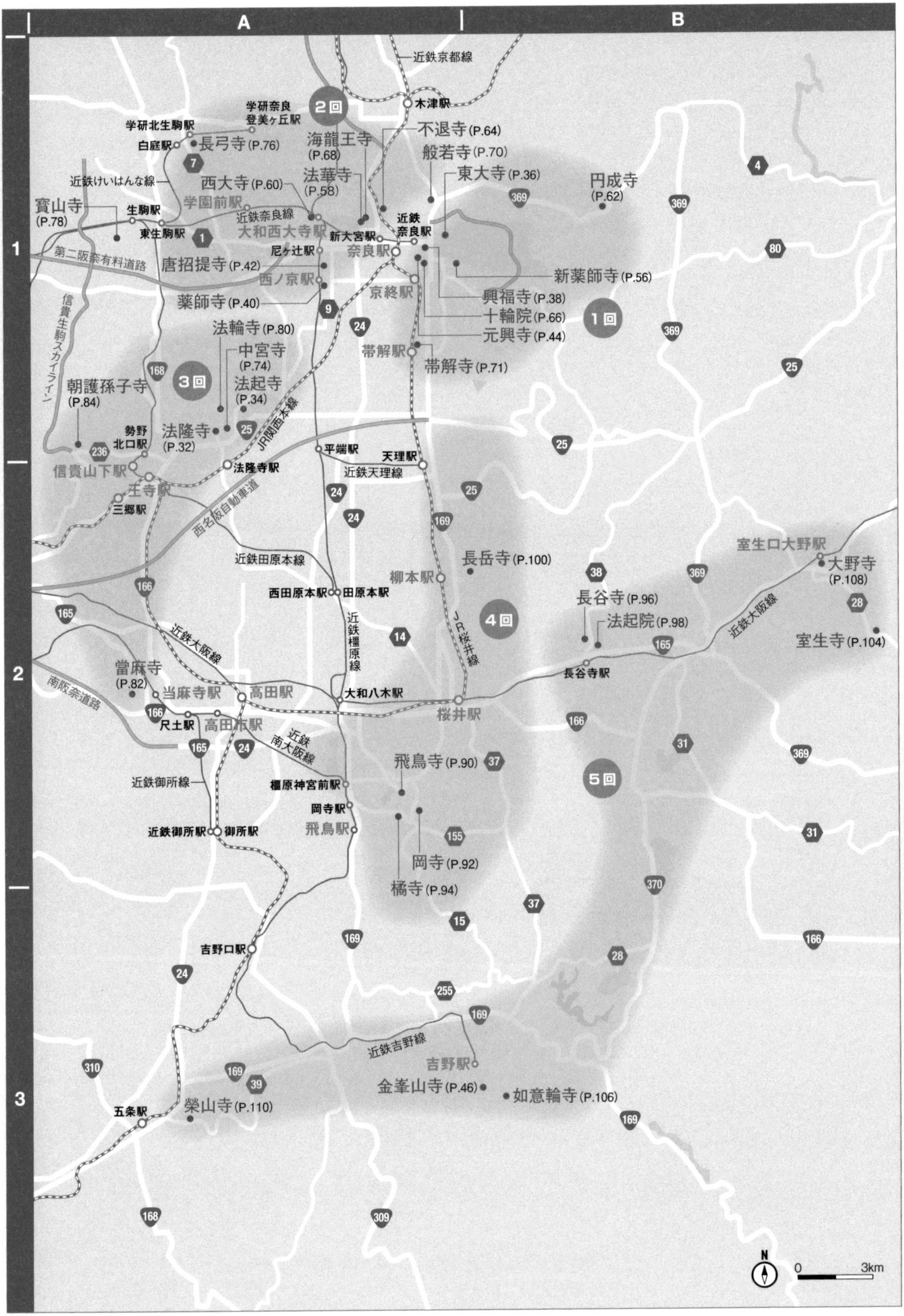

A
B
1
2
3
近鉄京都線
木津駅
2回
学研奈良登美ヶ丘駅
学研北生駒駅
白庭駅
長弓寺(P.76)
7
海龍王寺(P.68)
不退寺(P.64)
般若寺(P.70)
東大寺(P.36)
円成寺(P.62)
近鉄けいはんな線
西大寺(P.60)
法華寺(P.58)
学園前駅
近鉄奈良線
寶山寺(P.78)
生駒駅
東生駒駅
大和西大寺駅
新大宮駅
近鉄奈良駅
奈良駅
尼ヶ辻駅
第二阪奈有料道路
唐招提寺(P.42)
西ノ京駅
新薬師寺(P.56)
京終駅
興福寺(P.38)
十輪院(P.66)
元興寺(P.44)
薬師寺(P.40)
1回
信貴生駒スカイライン
法輪寺(P.80)
中宮寺(P.74)
法起寺(P.34)
帯解駅
帯解寺(P.71)
3回
朝護孫子寺(P.84)
勢野北口駅
法隆寺(P.32)
JR関西本線
平端駅
天理駅
近鉄天理線
信貴山下駅
王寺駅
法隆寺駅
三郷駅
西名阪自動車道
近鉄田原本線
長岳寺(P.100)
柳本駅
室生口大野駅
大野寺(P.108)
西田原本駅
田原本駅
長谷寺(P.96)
法起院(P.98)
近鉄大阪線
近鉄橿原線
4回
JR桜井線
室生寺(P.104)
長谷寺駅
当麻寺(P.82)
南阪奈道路
当麻寺駅
高田駅
大和八木駅
桜井駅
尺土駅
高田市駅
近鉄南大阪線
飛鳥寺(P.90)
5回
近鉄御所線
橿原神宮前駅
岡寺駅
近鉄御所駅
御所駅
飛鳥駅
岡寺(P.92)
橘寺(P.94)
吉野口駅
近鉄吉野線
吉野駅
金峯山寺(P.46)
如意輪寺(P.106)
榮山寺(P.110)
五条駅
N
0
3km

伝統あるグルメや
おみやげが盛りだくさんの奈良!
お寺をめぐりながら
お気に入りも見つけちゃおう。

おみやげ 奈良にちなんだおみやげ

県内に点在する各ショップには、鹿モチーフの商品や、奈良産の素材を使ったお菓子やカレーなど、オリジナリティあふれる商品がずらり！ おみやげにも、自分用にも。

大和飴（各40g）
奈良産の食材を使い、自然の味や色を生かして作られた大和飴。片平あかね648円、大和橘756円、神野の白648円
【ならBonbon】奈良市橋本町3-1 BONCHI 1階（餅殿商店街内）

鹿もなか（緑パッケージ／5個入り）
サクッとした食感の最中と、上品な甘さのこし餡のバランスが絶妙な逸品。一つひとつに鹿の焼印入り。1250円
【本家菊屋】大和郡山市柳1-11（本店）

正倉院咖喱
正倉院ゆかりのスパイスや大和当帰の葉を使ったカレー。ビーフ1188円、チキン972円、ベジ&こんにゃく1080円。
【松林堂】奈良市内侍原町49（店舗）

天日干し番茶（200g）
江戸時代から続く天日干し製法で作られたほうじ番茶。やさしい味わいが魅力。864円　【嘉兵衛本舗】吉野郡大淀町中増1561

奈良の木でつくったマグネット 鹿
奈良の吉野杉を鹿の形に削り、1点ずつ手描きで絵付けした愛らしいマグネット。各770円
【中川政七商店 分店 土産 奈良三条店】奈良市角振新屋町1-1

奈文研ロゴトートバッグ
平城宮跡出土の「隼人の楯」をモチーフにした奈良文化研究所オリジナルのバッグ。1200円　【平城宮跡資料館】奈良市二条町2-9-1

おみやげ お寺オリジナルグッズ

各寺院の売店で販売されているお寺ゆかりの品々も要チェック。Tシャツやお香など、特色豊かなグッズが用意されている。

【興福寺】

てぬぐい
ドンと大きく阿修羅像。これで手を拭くのはおそれ多い? 920円

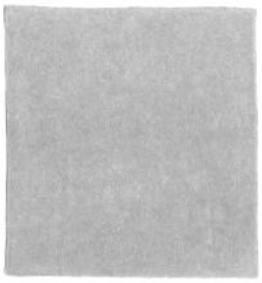

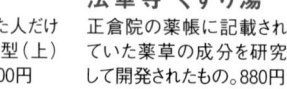

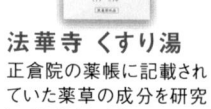

タオルハンカチ
銀の糸で阿修羅像が刺繍されたタオル地のハンカチ。630円

Tシャツ
阿修羅像のスター性をまざまざと感じさせられる。2255円

【法華寺】

お守り犬
法華寺本堂に参拝した人だけが分けてもらえる。中型（上）3300円、小型（下）2000円

法華寺 くすり湯
正倉院の薬帳に記載されていた薬草の成分を研究して開発されたもの。880円

【唐招提寺】

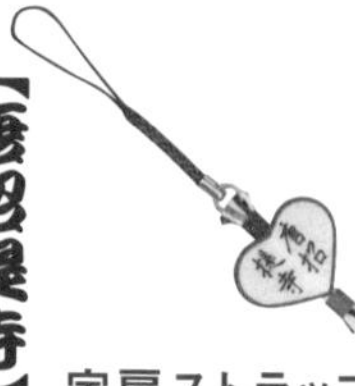

宝扇ストラップ
スマートフォンなどに付けていつも肌身離さず宝扇を。600円

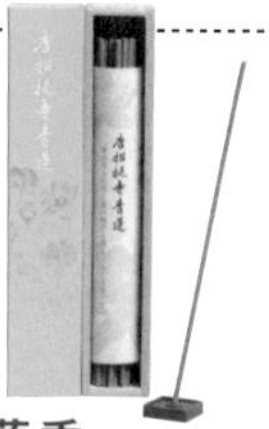

青蓮香
唐招提寺に咲くハスの種子を練り込んだお香。1000円

奈良発 勢ぞろい! 歴史を感じるグルメ&おみやげ

グルメ

日本酒

平城京跡からさまざまな種類の酒を記した木簡が出土したり、奈良市郊外にある正暦寺では室町時代にすでに近代醸造法の基本となる酒造技術が確立されていたと伝わることから、奈良は日本清酒発祥の地と呼ばれる。
写真：今西清兵衛商店「春鹿 旨口四段仕込 純米酒720ml」 1375円

奈良漬け

白瓜やキュウリなどを塩漬けにし何度も酒粕に漬けかえながら製造する。1300年前には「かす漬け」として平城京の貴族の間で珍重されていたという。写真の今西本店の奈良漬けは瓜3年以上、キュウリ7年、西瓜9年、と漬け、その間5～6回清酒粕のみで漬けかえる事により塩分と水分を抜く昔ながらの製法で作っている。

茶粥

弘法大師が唐から茶種を持ちかえり、大和の地に植えたのが奈良の茶の起こり。奈良の茶粥は煮出したほうじ茶の中にごはんを入れて炊いたもので、さらっとして粘り気がないことが特徴。現代の一般家庭でも朝食などで食べられることがあるほか、お店では奈良由来の料理とともに膳として提供されることが多い。

三輪素麺

桜井市を中心とした三輪地方の名産品。1200年以上前に大神神社（桜井市三輪）の宮司大神朝狭井久佐の次男、穀主が三輪の土地と三輪山から流れる清流で小麦を栽培し、小麦粉を原料に「素麺」を製造したのが始まり。三輪は素麺発祥の地と言われる。
写真：池利三輪素麺茶屋千寿亭の冷やしそうめん890円

柿の葉寿司

古くから五條や吉野地方でハレの日のごちそうとして親しまれてきた柿の葉寿司。谷崎潤一郎も著書の中で絶賛した。柿の若葉で包んだサバやサケの寿司を箱に入れて重石をかける伝統手法で作る。柿の葉には殺菌作用あるとされ、保存が効くため、古くから奈良みやげの定番だった。
写真：柿の葉ずしヤマト

おみやげ

麻グッズ

麻皮を紡いで糸にし、手織りした麻布を真白くさらした奈良晒など、麻は奈良の伝統工芸。現在では麻の蚊帳生地などを使ったグッズが多い。下記は井上企画・幡の製品。

あゆみ鹿 カジュアルバッグ

奈良公園を優雅に散歩する鹿をあしらったカジュアルバッグ。4色 各8250円

鹿のしおり

表裏が色違いになっているしおり。水色／茶、赤／桃、緑／黄の3色展開。各330円

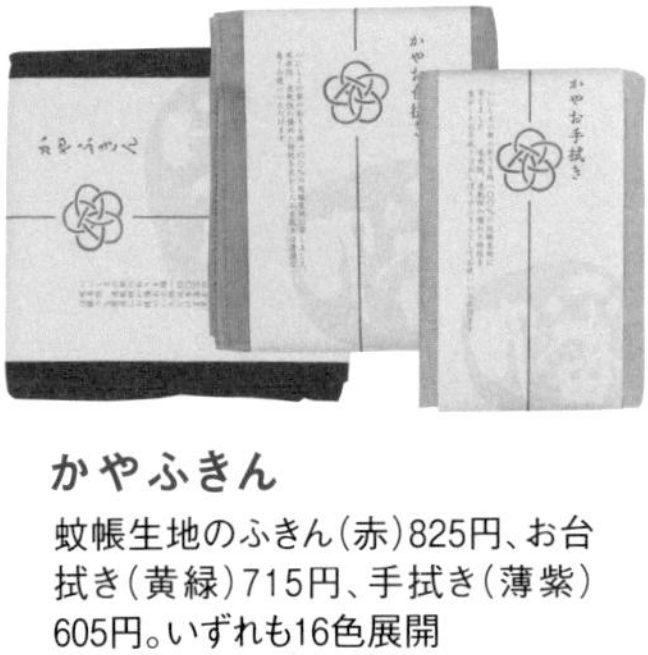

かやふきん

蚊帳生地のふきん（赤）825円、お台拭き（黄緑）715円、手拭き（薄紫）605円。いずれも16色展開

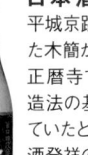

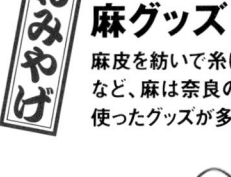

奈良の古寺にはアート散華がいっぱい

散《さん》華《げ》コレクション

散華とは寺院で法要、供養をするときに花や葉をまくことをいいます。その理由は花や葉には邪を払い、その場を浄化する力があると思われたからといわれます。散華は仏教とともに日本に伝わり、当初はハスの花びらなど生花が使われていました。時代がたつにつれ、ハスの花びらをかたどった紙がまかれるようになりました。

今ではお寺に行くと著名な画家の作品などを印刷した散華が、参拝記念として販売されています。このような散華の制作を始め、販売するようになったのは奈良の古寺が最初という説があります。確かに奈良の寺院には芸術的な散華を販売しているところが多いようです。古寺めぐりの記念に散華のコレクションはいかがですか。

法隆寺の散華

金堂再現壁画第六号壁部分、四騎獅子狩文錦部分、玉虫厨子宮殿部背面霊鷲山説法図の3つの図柄。いずれも法隆寺を代表する宝物。1000円

法輪寺の散華

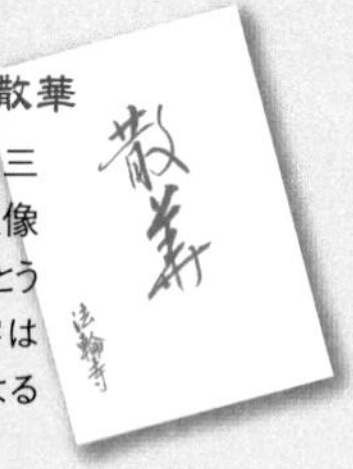

福井満さんが描いた三重塔、虚空蔵菩薩立像と妙見堂天空絵。たとう紙（包み紙）の題字は井ノ上妙覚長老によるもの。600円

中宮寺の散華

天寿国曼荼羅繍帳の一部分と宮成公広さんが描いた本尊如意輪観世音菩薩と山吹の花。山吹は本堂の周囲に植えられている。たとう紙の題字は日野西光尊尼によるもの。1000円

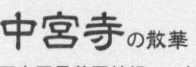

法華寺の散華

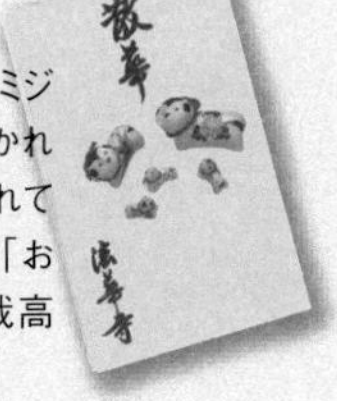

境内を彩るハス、小菊、モミジアオイの可憐な花々が描かれている。たとう紙にあしらわれているのは法華寺の御守り「お守り犬」。絵と題字は久我高照門跡によるもの。1000円

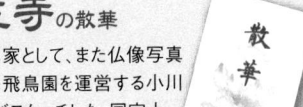

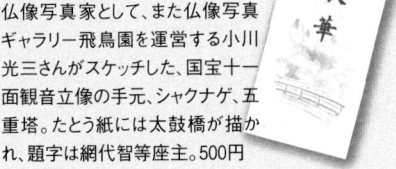

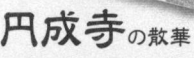

室生寺の散華

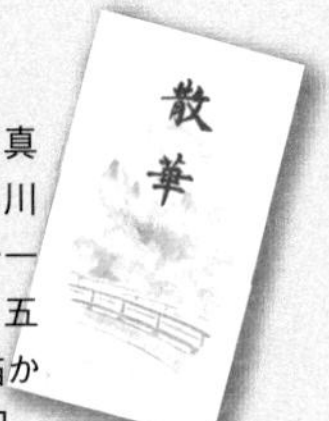

仏像写真家として、また仏像写真ギャラリー飛鳥園を運営する小川光三さんがスケッチした、国宝十一面観音立像の手元、シャクナゲ、五重塔。たとう紙には太鼓橋が描かれ、題字は網代智等座主。500円

飛鳥寺の散華

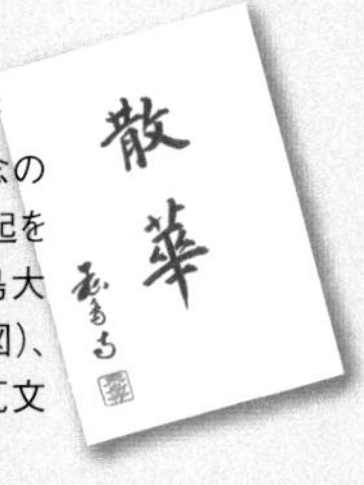

「大仏開眼1400年」記念の際に発行。飛鳥寺の縁起を表現した図と本尊の飛鳥大仏(釈迦三尊推定復元図)、創建時に使われた軒丸瓦文様が描かれている。600円

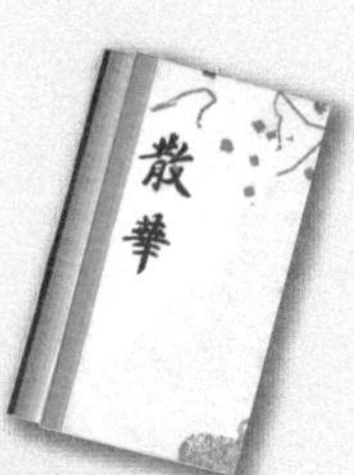

円成寺の散華

多宝塔荘厳壁画を手がけた中村幸真さんによるもの。大日如来種子、本尊阿弥陀如来光背、多宝塔毘沙門天、妙音天、宝蓮華が色鮮やかに描かれている。500円

上級！

巡礼ファッション

本格派ならこの姿 完全装備ですべての札所へ

奈良では本格的な巡礼姿で歩いている人はほとんどいません。四国八十八箇所になると若干、巡礼姿を見かけるようです。さて、この白装束、最近はインターネットでも購入できますよ。

菅笠【すげがさ】
日焼け防止だけじゃない。雨の日にも役立つ。夏は帽子より涼しい

金剛杖【こんごうづえ】
お遍路さんでは弘法大師の化身とされる。上部は五輪塔が彫られ、遍路の途中で亡くなると墓標となった。そこで通常はカバーをかけておく

頭陀袋【ずたぶくろ】
納経帳、財布、紙、タオル、身の回りのものを色々入れる

その他
持鈴、白地下足袋、手甲、脚絆などを揃えると、完璧な巡礼ファッション

輪袈裟【わげさ】
僧侶の袈裟を略したもので礼拝の際のフォーマルウエア。白衣はなくても、これと数珠だけは用意したい

納札入れ【おさめふだいれ】
札所に参拝した印に収める札を入れておく袋。さっと納札が出せる

数珠【じゅず】
正式には108の珠で一つひとつが仏。そこで厄除け、お守りの役目を果たすとも考えられている

白衣【びゃくえ】
かつて、巡礼は命がけの行為。ゆえに白衣は死装束だった。これを着ると目立つので交通安全になるし、話しかけてもらえる

奈良県の文化財

まずめぐりたい世界遺産

日本で最初に登録された世界遺産は「法隆寺地域の仏教建造物」です。このほか奈良県には世界遺産の古寺社が数多くあります。本書では8寺を掲載。どこも奈良を代表する名刹です。奈良の御朱印めぐり、まずは世界遺産から始めてみるのはどうでしょう？

奈良 世界遺産マップ

古都奈良の文化財　法隆寺地域の仏教建造物
紀伊山地の霊場と参詣道

奈良県内の世界遺産登録施設のうち本書では8ヵ所のお寺を紹介しています。法隆寺と法起寺は1993年、「法隆寺地域の仏教建造物」として登録された古寺です。どのお寺も悠久の歴史を感じさせるたたずまい。境内が広いところも多いので、たっぷり時間を取りましょう。「古都奈良の文化財」のうち、奈良公園内のお寺はすべて徒歩で回れます。近鉄線西ノ京駅から薬師寺、唐招提寺は至近距離。西ノ京と斑鳩へは奈良交通バス「奈良・西の京・斑鳩回遊ライン」が便利です。お寺のほか、朱塗りの社殿が美しい春日大社や平城宮跡なども訪ねたいところです。「紀伊山地の霊場と参詣道」の吉野山では、桜の時期には交通規制されるほど人々でにぎわい、ロープウエイも大混雑します。

法隆寺
法起寺
東大寺
興福寺
薬師寺
唐招提寺

元興寺
金峯山寺
春日大社
平城宮跡
小辺路

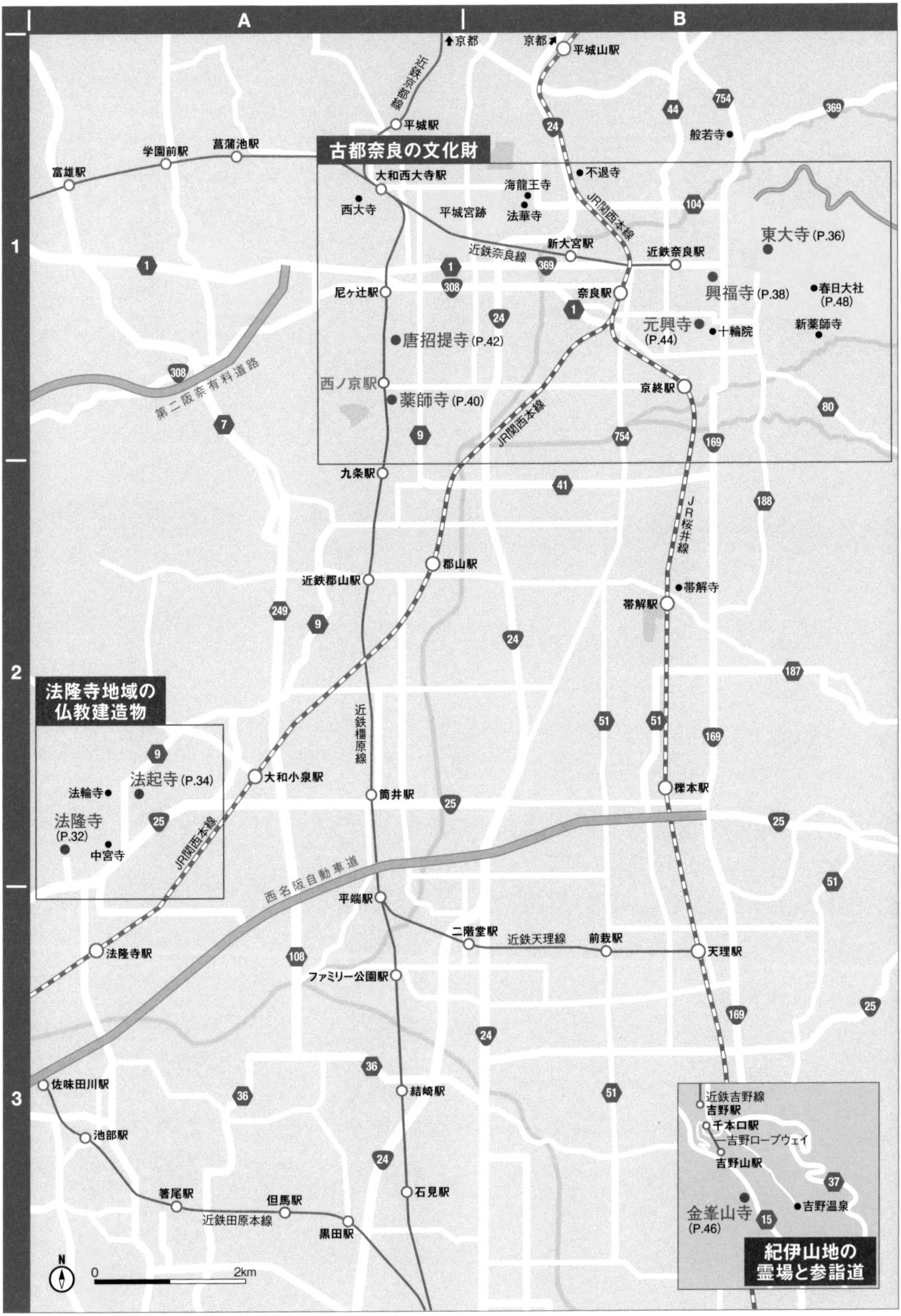

A
B
1
2
3
京都
京都
平城山駅
近鉄京都線
平城駅
古都奈良の文化財
学園前駅
菖蒲池駅
富雄駅
大和西大寺駅
西大寺
海龍王寺
法華寺
平城宮跡
不退寺
JR関西本線
新大宮駅
近鉄奈良線
近鉄奈良駅
東大寺(P.36)
興福寺(P.38)
春日大社
(P.48)
尼ヶ辻駅
奈良駅
唐招提寺(P.42)
元興寺(P.44)
十輪院
新薬師寺
第二阪奈有料道路
西ノ京駅
薬師寺(P.40)
京終駅
JR関西本線
九条駅
JR桜井線
郡山駅
近鉄郡山駅
帯解寺
帯解駅
法隆寺地域の
仏教建造物
近鉄橿原線
法起寺(P.34)
法輪寺
法隆寺
(P.32)
中宮寺
大和小泉駅
筒井駅
櫟本駅
JR関西本線
西名阪自動車道
平端駅
二階堂駅
近鉄天理線
前栽駅
天理駅
法隆寺駅
ファミリー公園駅
佐味田川駅
結崎駅
池部駅
石見駅
箸尾駅
但馬駅
近鉄田原本線
黒田駅
近鉄吉野線
吉野駅
千本口駅
吉野ロープウェイ
吉野山駅
金峯山寺
(P.46)
吉野温泉
紀伊山地の
霊場と参詣道
N
0
2km

世界遺産

法隆寺【ほうりゅうじ】

南大門から入り、正面に位置する西院伽藍は世界最古の木造建築群。五重塔と金堂を回廊が囲んでいる
撮影:便利堂

法隆寺の境内は約18万7000㎡。広大な境内は五重塔や金堂が立つ西院伽藍と夢殿を中心とした東院伽藍に分かれ、国宝18を含む47の建造物が建ち並びます。貴重な美術工芸品も数多く所有し、国宝だけでも17もあります。

法隆寺は推古天皇と聖徳太子が用明天皇の遺志を継いで創建したと伝わります。創建の年代については金堂に安置された薬師如来の光背銘によれば推古15（607）年ですが、これを疑問視する声もあります。ただ、7世紀前半に創建されたことは間違いないようです。

西院伽藍の入口は中門です。しかし、この門には正面の真ん中に太い柱があり、入口にしては入りにくいように感じます。そこで、この柱は法隆寺の謎とされてきました。梅原猛は『隠された十字架 法隆寺論』のなかで法隆寺は聖徳太子の「怒れる霊」を鎮めるための寺と位置づけ、中門は太子の霊を「封じ込めるためにある」としました。果たして、どうなのでしょうか。

中門をくぐると左側に五重塔、右側に金堂が立ちます。金堂は日本最古の木造建築で、微笑をたたえた釈迦三尊像が

DATA
宗旨／聖徳宗
山号／なし
住所／生駒郡斑鳩町法隆寺山内1-1
交通／法隆寺前バス停より徒歩3分、または法隆寺駅より徒歩20分
拝観／8時～17時（11月4日～2月21日16時30分）
拝観料／1500円
MAP:P.31 A-2
www.horyuji.or.jp

安置されています。

東院回廊を出ると鏡池が広がり、池畔には句碑が立っています。「柿くへば鐘が鳴るなり法隆寺」。明治28（1895）年に正岡子規が詠んだ句です。彫られた字は子規の筆跡です。

鏡池の北に大宝蔵院と百済観音堂があります。大宝蔵院では夢違観音、玉虫厨子を、観音堂では像高210㎝、八頭身のスラリとした百済観音を安置しています。百済観音は正面だけでなく、側面からも優美な姿を拝観できます。

東院伽藍は聖徳太子の住居である斑鳩宮跡に天平11（739）年に建てられた伽藍群です。その本堂が夢殿です。

夢殿には現存最古の救世観音が祀られています。この救世観音は秘仏とされ、長く厨子にしまわれ、扉が開かれることはありませんでした。それを明治17（1884）年、政府の調査依頼を受けた東洋美術史家アーネスト・フェノロサと岡倉天心が開扉させたのでした。救世観音は何重にも木綿に巻かれていたといいます。保存状態が良好で金箔も残り、造像当初の姿を十分にとどめています。現在も、救世観音は秘仏とされ、4月11日から5月18日、10月22日から11月23日に開扉されます。

謎に満ちた
仏教文化遺産の宝庫

①斑鳩奉拝 ②南無佛 ③法隆学問寺 ④法隆寺

①斑鳩奉拝 ②篤敬三寶/三寶を篤く敬え ③法隆学問寺 ④法隆寺

①斑鳩奉拝 ②以和為貴/和を以って貴しと為す ③法隆学問寺 ④法隆寺

世界遺産

法起寺【ほうきじ】

三重塔の初重内部は土間で四天柱と八角の心柱を立て、四天柱の上に肘木と斗を組んでいるが、二重以上は多くの骨組が組まれている　撮影:便利堂

秋風に揺れるコスモスの向こう、青空を背にして法起寺の三重塔が堂々とした姿を見せています。この三重塔は法隆寺五重塔、法輪寺三重塔と合わせて斑鳩三塔と呼ばれています。法起寺は、もともとは聖徳太子が法華経を講義した岡本宮でした。推古30（622）年、聖徳太子は死に臨み、子の山背大兄王に岡本宮を寺院に改めるように遺言したのです。これが法起寺の創始で岡本寺、岡本尼寺とも呼ばれました。舒明10（638）年には福亮僧正が太子のために弥勒像と金堂を造り、天武14（685）年には恵施僧正が宝塔の建立を発願、慶雲3（706）年には三重

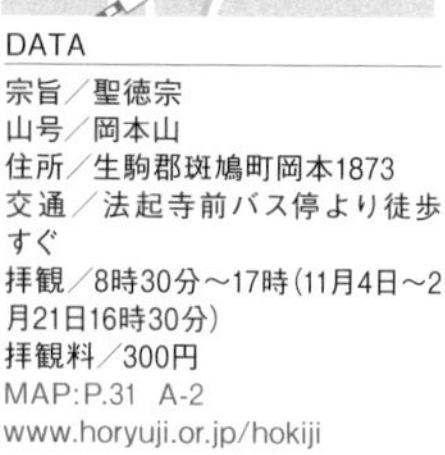

DATA

宗旨／聖徳宗
山号／岡本山
住所／生駒郡斑鳩町岡本1873
交通／法起寺前バス停より徒歩すぐ
拝観／8時30分～17時（11月4日～2月21日16時30分）
拝観料／300円
MAP:P.31　A-2
www.horyuji.or.jp/hokiji

塔が完成しました。しかし、次第に衰微し、江戸時代には三重塔を残すだけになってしまいます。これを嘆いた僧圓忍と弟子は延宝6(1678)年に三重塔を修復し、その後、元禄7(1694)年に講堂、文久3(1863)年には聖天堂が再建され、現在のような寺観が整ったといいます。

三重塔は高さ約24mで三重塔としては日本最古ですが、江戸時代の改修で改造が加えられていました。そこで昭和45(1970)年から5年間の解体修理の折には研究成果を参考にした復元がされ、創建当初の姿をよみがえらせました。

収蔵庫には十一面観音菩薩立像が安置されています。この像は10世紀半ばの作と思われ、もとは講堂の本尊でした。

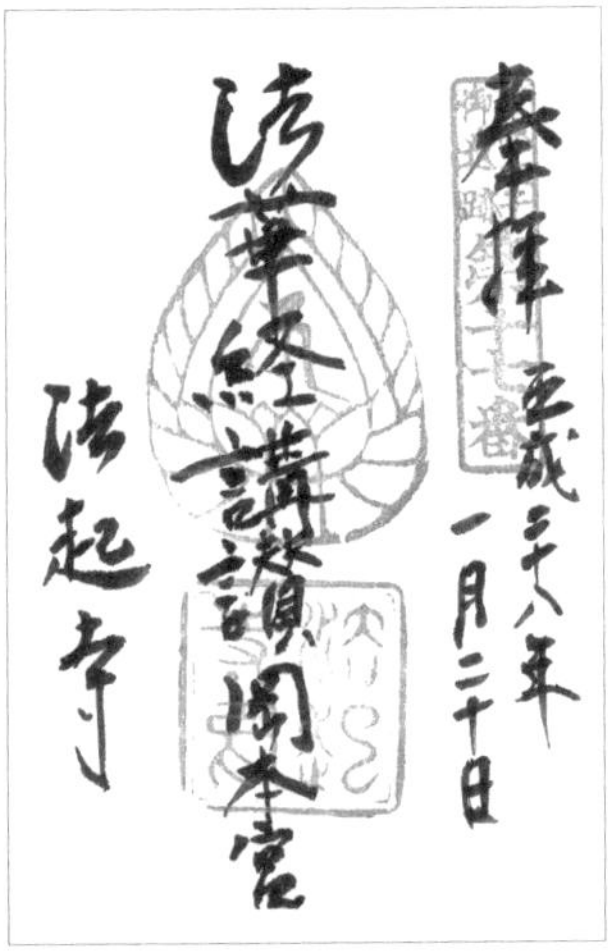

①聖徳太子御遺跡第十七番奉拝　②法華経講讃岡本宮　③梵字キャの十一面観音を表す印と法起寺印　④法起寺

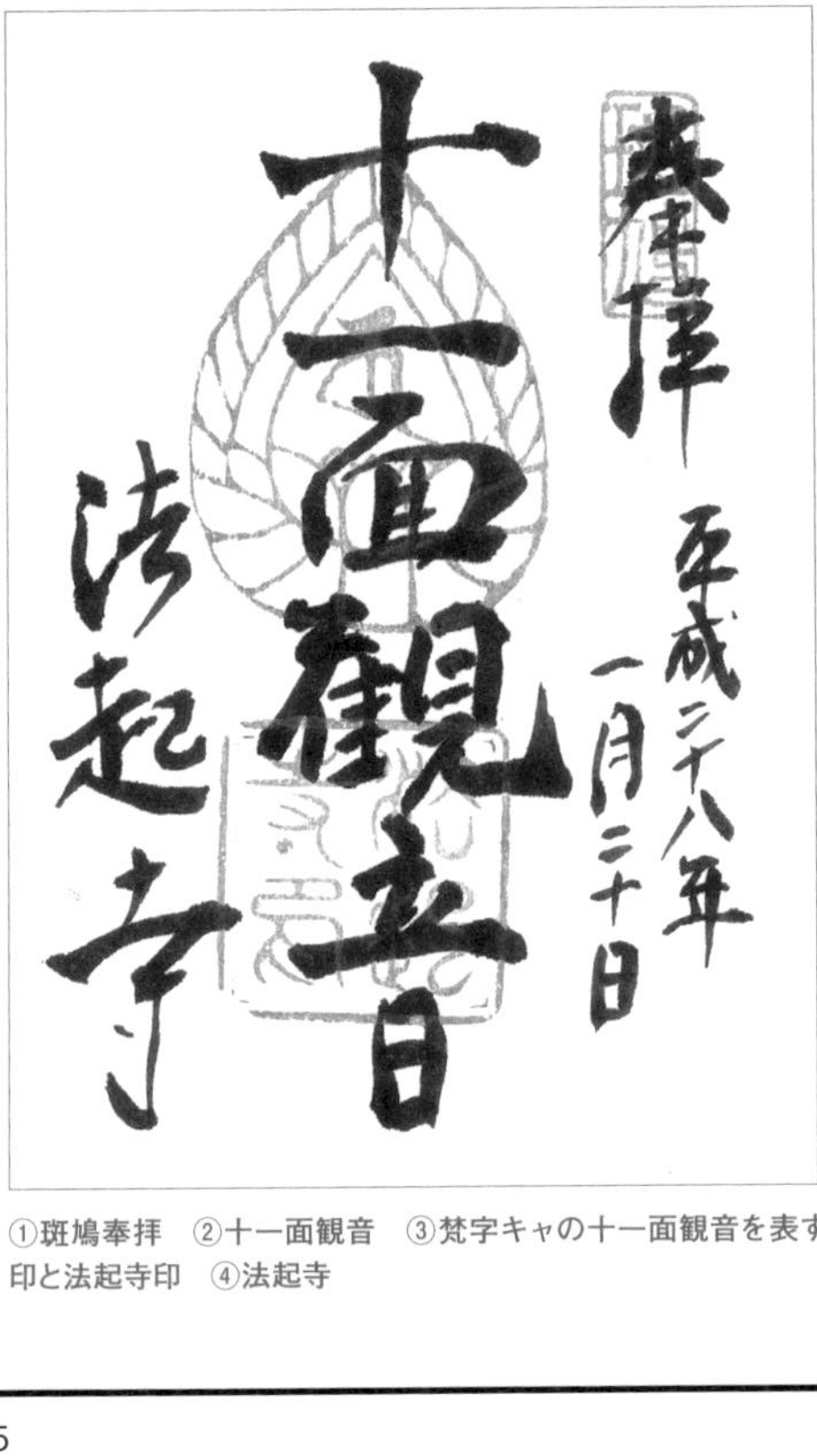

①斑鳩奉拝　②十一面観音　③梵字キャの十一面観音を表す印と法起寺印　④法起寺

遠景もいい。日本最古の三重塔

世界遺産

東大寺【とうだいじ】

盧舎那仏は像高約15m。無限大の宇宙を表現している　写真:奈良市観光協会

東大寺の本尊は盧舎那仏です。盧舎那仏というより、「奈良の大仏様」として知られる、日本で一番有名な本尊かもしれません。

天平15（743）年、聖武天皇が盧舎那仏造立を発願したことが大仏造立のきっかけでした。当時は政変、疫病の流行、飢饉、地震などが相次いで起こり、天皇は大仏を造立することで国家の安泰、平穏を願ったのでした。

造立が本格的に始まったのは天平17（745）年のこと。8回の鋳造を経て完成し、天平勝宝4（752）年には盛大な開眼供養が行われました。

しかし、治承4（1180）

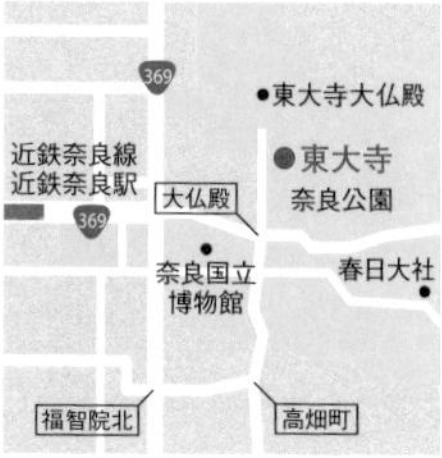

DATA

宗旨／華厳宗
山号／なし
住所／奈良市雑司町406-1
交通／大仏殿春日大社前バス停より徒歩5分、または近鉄奈良駅から徒歩約20分
拝観／大仏殿（4～10月）7時30分～17時30分、（11～3月）8時～17時
法華堂・戒壇堂（通年）8時～16時
入堂料／800円（大仏殿・法華堂・戒壇堂ごとに必要）
MAP:P.31　B-1
www.todaiji.or.jp

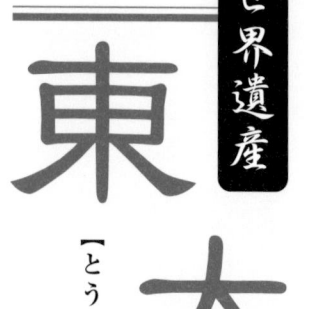

大仏造立は国家的な大事業

年、平重衡の南都焼討に遭い、伽藍のほとんどが焼失。鎌倉時代になり、僧重源は東大寺の復興に尽力し、ほぼ天平の姿を取り戻しました。

大仏殿が幻想的な表情を見せてくれるのが、毎年8月15日の夜に行われる万灯供養会です。参道に並んだ2500基もの灯籠に火がともり、大仏殿で唱える読経の声が聞こえてきます。大仏殿正面の観相窓が開くと大仏の顔が灯火に浮かび上がり、とても厳かな気持ちになれるはず。※観相窓が開くのはこの時と1月1日の午前0時から8時までだけです。

「お水取りが終わると暖かくなる」。3月になるとそんなフレーズをよく耳にします。「お水取り」とは二月堂の修二会の通称。奈良の風物詩ともいえる行事で天平4(752)年から途絶えることなく続いています。修二会ではさまざまな行事が行われますが、3月1日から14日まで行われる「お松明」が有名です。12日の籠松明が特に知られますが、この期間は毎晩、練行衆と呼ばれる僧たちが、二月堂にて日夜、十一面観音に罪過を悔過する行を修されます。奈良の風物詩ともいえる行事で、これを境に奈良には本当の春がやってきます。なお、お松明の時間帯は非常に混雑し、お松明が行われる二月堂に近づくことができない日も多いため、注意が必要です。

※夜間に大仏殿で行事が行われる際は臨時に開扉されることがあります。

①二月堂奉拝　②南無観　③梵字キャの十一面観音を表す印　④東大寺二月堂⑤東大寺印

①奉拝　②華厳　③梵字バクの釈迦如来を表す印と東大寺大佛殿の印　④東大寺

※御朱印の書体は書き手によって異なり、掲載されているとおりの御朱印が頂けるとは限りません。

世界遺産

興福寺【こうふくじ】

丹色が鮮やかな中金堂。本尊や四天王立像などの諸仏が安置されている

国宝彫刻の所蔵数日本一。天平様式の中金堂も見事

興福寺の創建は天智8（669）年、藤原鎌足の夫人、鏡大王が山背国（京都）に建立した山階寺が始まりとされます。和銅3（710）年、平城遷都がされると、藤原不比等が現在地に移し、寺名も興福寺と変え、伽藍の建築を始めました。和銅7（714）年には中金堂など主要な建物が完成し、その後、五重塔など次々と堂宇が建ち、寺勢は盛んになりました。しかし、治承4（1180）年、平重衡の南都焼討で伽藍は全焼してしまいます。したがって、北円堂と三重塔は鎌倉時代、五重塔と東金堂は1400年代前半（五重塔は現在修理工事中）、南円堂は江戸後期の再建です。

中金堂は享保2（1717）年に焼失し、奈良町の人々の寄進により本来より小規模な仮堂が建てられましたが、老朽化のため平成12年に解体。その後発掘調査を経て、創建当時の様式・規模での復元が進められ、平成30年に再建されました。

三面六臂の阿修羅像。仏教では釈迦を守護する神と説かれている　撮影:飛鳥園

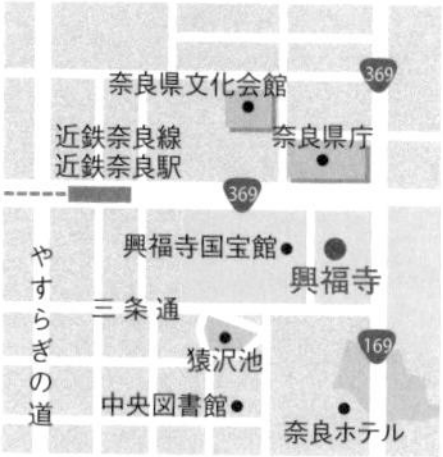

DATA

宗旨／法相宗
山号／なし
住所／奈良市登大路町48
交通／近鉄奈良駅より徒歩7分
拝観／国宝館・東金堂・中金堂は9時～17時、境内自由
拝観料／国宝館700円、東金堂300円、中金堂500円、境内無料
MAP:P.31 B-1
www.kohfukuji.com

興福寺といえば、多くの人が阿修羅像を思うでしょう。その阿修羅像は国宝館に安置されています。千手観音菩薩像、乾漆八部衆像、乾漆十大弟子像など、国宝がずらりと並び、間近に拝観できます。

興福寺の行事に1000年以上続く慈恩会という法会があります。晩秋の夜に行われる法会で、教義についての問答を重ねるものです。問答には何度も質問を聞き直すなどの作法があり、ユーモラスなシーンも展開します。この慈恩会では数年に一度、竪義（りゅうぎ）という口答試験があります。法相宗の僧が一生に一度だけ受験を許される試験です。試験の前には前加行（ぜんけぎょう）という行を勤めますが、行では21日間、横臥せず、ひたすら教義を暗記します。慈恩会は誰でも聴聞できます。機会があればぜひ、見学してください。

南円堂は西国三十三所観音霊場の第九番札所。1789年頃の再建

①西国第九番奉拝　②南円堂　③梵字ボウの不空羂索観音を表す印　④興福寺　⑤興福寺南円堂印

①西国薬師第四番奉拝　②東金堂　③梵字ベイの薬師如来を表す印　④興福寺　⑤南都興福寺印

①食堂院奉拝　②千手観世音　③梵字キリークの千手観音を表す印　④興福寺　⑤南都興福寺印

①和銅三年移建法相宗大本山中金堂院奉拝　②中金堂　③梵字バクの釈迦如来を表す印　④興福寺　⑤南都興福寺中金堂堂司

①世界文化遺産奉拝　②令興福力／維摩経の一節　③梵字バクの釈迦如来を表す印　④興福寺　⑤南都興福寺印

世界遺産

薬師寺【やくしじ】

正面41m、奥行20m、高さ約17mの大講堂は伽藍の雄大さを象徴する薬師寺伽藍最大の建造物

近鉄西大寺駅から最寄り駅、西ノ京駅までの車窓には垂仁天皇陵、唐招提寺の樹林、薬師寺の塔が見え、奈良らしい風景が展開します。

薬師寺は天武天皇が天武天皇9（680）年、皇后（後の持統天皇）の病気平癒を願い藤原京に建立を発願しました。その6年後、天皇は崩御。夫の遺志を継ぎ、持統天皇が伽藍を造営します。和銅3（710）年、都が平城京に遷都されると薬師寺も現在地に移されました。

北受付から参拝順路に従って歩くと東院堂があります。堂内に安置されているのは、像高約189㎝、整った容貌の聖観世音菩薩立像（国宝）。白鳳時代の作で日本彫刻史上屈指の傑作とされています。

中門にいたると東塔と西塔が目の前にそびえます。東塔は天平2（730）年の建立。薬師寺で唯一現存する創建時の建物です。西塔は昭和56（1981）年の再建ですが、東塔より少し高く、連子窓があるなど東塔とは少し異なります。これは西塔の創建当初を忠実に再現した結果、生じた違いです。

金堂は昭和51（1976）年に復興されました。復興資金はお写経勧進によって集められました。昭和43（1968）年、当時管主であった高田好胤和上が1巻1000円（現在は1巻2000円）のお写経納経料で、

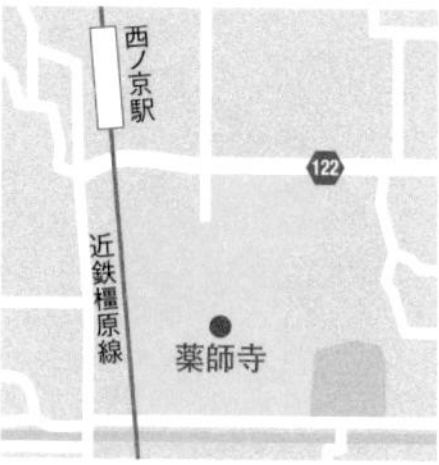

DATA
宗旨／法相宗
山号／なし
住所／奈良市西ノ京町457
交通／西ノ京駅より徒歩すぐ
拝観／9時～17時
拝観料／大人1000円
※玄奘三蔵院伽藍の一般公開はありません（特別公開時を除く）。
MAP:P.31　A-1
www.yakushiji.or.jp

百万巻写経勧進を目指し、全国を行脚して達成したのです。

金堂には日光・月光菩薩を両脇に従えた薬師如来が祀られています。この薬師如来の前に、元旦から1月3日までは国宝・吉祥天女画像、1月4日から15日までは平成本・吉祥天女画像が本尊として祀られます。薬師寺ではお正月に罪過を懺悔し招福を祈る吉祥悔過という法要を奈良時代から営んできました。そのご本尊が吉祥天女画像なのです。

西塔の連子窓の色を青色、扉や柱の色を丹(に)色と呼ぶ

①大和八十八ヶ所四拾九番奉拝 ②聖観世音 ③梵字サの聖観音菩薩を表す印と薬師寺東院堂の印 ④薬師寺

①西国薬師第一番奉拝 ②薬師如来 ③梵字バイの薬師如来を表す印と南都薬師寺印 ④薬師寺

①不東 ②三蔵法師・玄奘の印 ③薬師寺玄奘三蔵院
※「不東」の御朱印は年数回の玄奘三蔵院の伽藍内部公開時のみ頂けます。

①国宝三国伝来奉拝 ②南無佛 ③仏足石の印と南都薬師寺印 ④薬師寺

①兜率天宮奉拝 ②弥勒佛 ③弥勒菩薩を表す梵字ユと法苑林菩薩と大妙相菩薩の印と薬師寺大講堂の印 ④薬師寺

世界遺産

唐招提寺【とうしょうだいじ】

金堂の堂内に安置されているのは本尊盧舎那仏坐像、右に薬師如来立像、左に千手観音立像。いずれも国宝

唐招提寺は鑑真の私寺として始まりました。鑑真は中国・揚州の高僧ですが、聖武天皇の熱心な要請を受け、渡航を決意します。しかし、日本への旅は大変な困難を極め、12年という歳月をかけ、天平勝宝5（753）年、来日を果たしました。天平宝字3（759）年、鑑真は天武天皇の皇子新田部親王の邸宅を譲り受け、唐招提寺を開き、76歳で亡くなるまでの5年間をこの寺で過ごしました。

南大門を入ると、真正面に金堂があります。正面には8本の円柱が並び、大屋根は頂上の左右に鴟尾、丸瓦が規則正しく整った直線を描き、おおらかな広がりを見せています。奈良時代に建立された寺院の金堂で現在残っているのは唐招提寺の金堂だけです。金堂の裏手にある講堂は平城京にあった東朝集殿という建物を奈良時代後半に移築したものです。ですから、平城京の建物で現存する唯一の遺構になります。鑑真はこの講堂で戒律の講義を行ったのでしょう。律を学ぼうと大勢の弟子たちが集まったにちがいありません。

日本における律宗の開祖となった鑑真の墓所は境内の北東、開山御廟です。御廟では春になると和上の故郷、揚州から贈られた瓊花（けいか）が白い花を咲かせます。

DATA
宗旨／律宗
山号／なし
住所／奈良市五条町13-46
交通／西ノ京駅より徒歩8分
拝観／8時30分～17時（16時30分受付終了）
拝観料／1000円
MAP:P.31 A-1
www.toshodaiji.jp

金堂の甍《いらか》に鑑真和上の偉業を偲ぶ

講堂は東朝集殿を移築したもの。朝集殿は朝、出勤した役人たちが衣服を整える場所

境内は2万坪の広さを誇る。緑が豊かで静けさに満ちている。境内には鼓楼、経蔵、御影堂などの堂宇が並ぶ

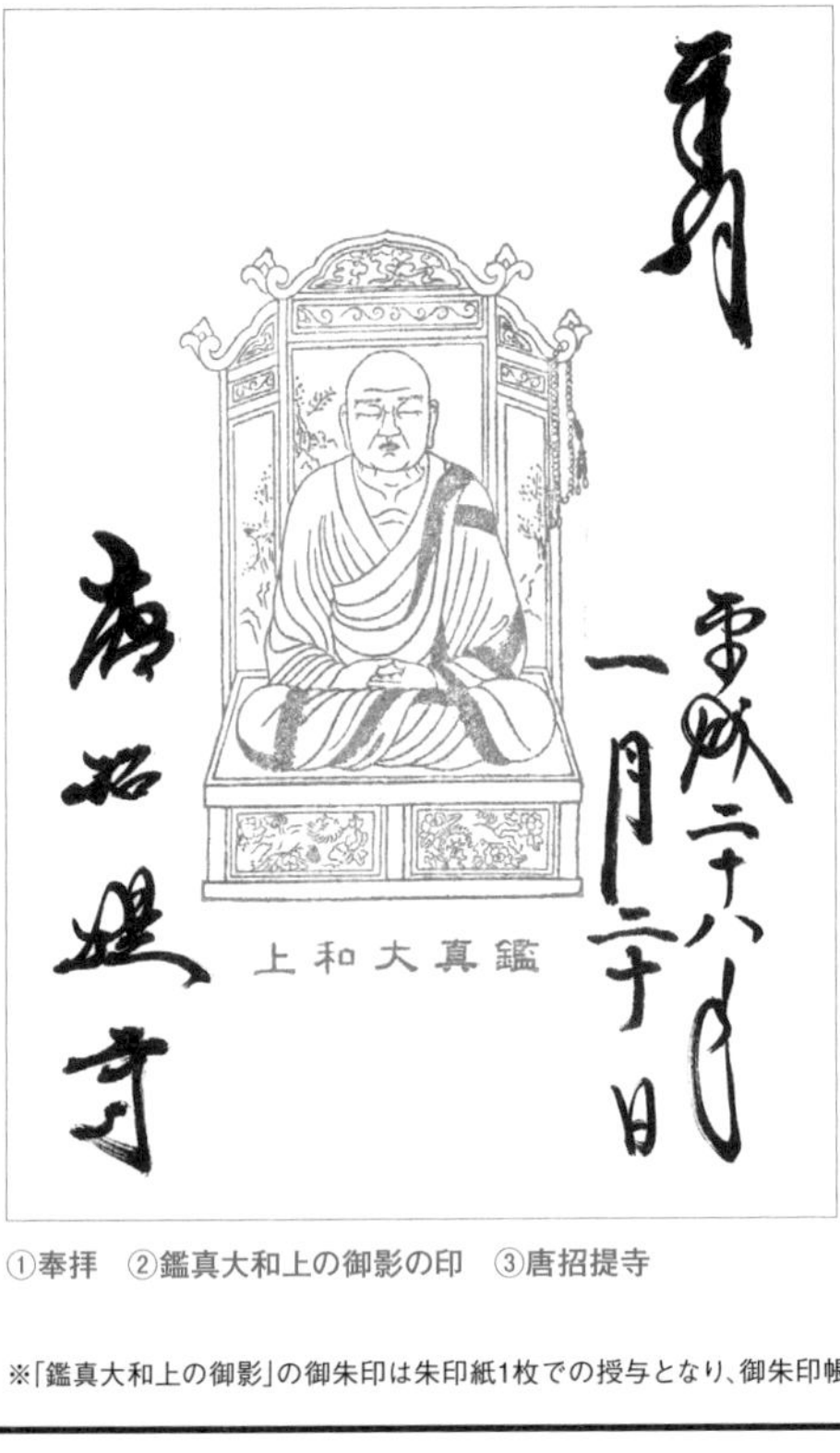

①奉拝　②鑑真大和上の御影の印　③唐招提寺

①奉拝　②盧舎那佛　③本尊宝印と唐招提寺の印　④唐招提寺

※「鑑真大和上の御影」の御朱印は朱印紙1枚での授与となり、御朱印帳には頂けません。

世界遺産

元興寺【がんごうじ】

元興寺の前身はわが国初の仏教寺院であった飛鳥寺。東南側から見た極楽堂

町屋造の家並み連なる「ならまち」は奈良時代にはほぼ全域が元興寺の境内でした。この時代、元興寺は七大寺のひとつとされ、勢力を誇る大寺でした。七大寺とは朝廷の管理下におかれた寺院で大安寺、薬師寺、元興寺、興福寺、東大寺、西大寺、法隆寺をいいます。

元興寺は6世紀後半、蘇我馬子が飛鳥に建立した法興寺（飛鳥寺）が始まりです。和銅3（710）年、平城京へ遷都されると、法興寺も都に移され、寺名を元興寺とあらためました。広大な境内には堂舎が整い、寺は栄えますが、その後、火災、強風などで伽藍は焼亡、倒壊し創建当初の建造物はほとんど失われました。

東門から境内に入るとすぐ国宝極楽堂、これに続いて禅室があります。どちらも僧侶の居室である奈良時代の僧坊を鎌倉時代に分割、改築したものです。

この隣り合うふたつの建物の屋根に注目してください。普通の瓦と異なっているのがわかるでしょう。ぼこぼこと丸い感じの瓦で色も灰色、茶色、白っぽいもの、黒っぽいものと様々です。飛鳥時代から天平時代に作られた古式瓦が使われているのです。この丸瓦の独特な重ね方を行基葺といいます。

さて、元興寺の御朱印ですが「智光曼荼羅」と書かれています。智光曼荼羅が極楽堂の本

DATA
宗旨／真言律宗
山号／なし
住所／奈良市中院町11
交通／福智院町バス停より徒歩5分、または近鉄奈良駅より徒歩12分
拝観／9時〜17時
拝観料／500円
MAP:P.31 B-1
www.gangoji-tera.or.jp

尊だからです。

智光曼荼羅に描かれているのは阿弥陀如来を中心にした極楽浄土です。この曼荼羅は奈良時代、極楽坊に住み、浄土教を学んでいた学僧智光が感得して制作したものとされます。平安時代には浄土信仰の高まりから、極楽坊で百日念仏講が営まれるなど庶民の信仰を集めました。

本堂前にある法輪館では国宝五重小塔が拝観できます。五重小塔は全高5・5m、内部の構造まで精巧に造られ、天平時代の様式をよく残しています。

極楽堂、禅室と法輪館の間には石塔や石仏群が集められた浮図田があります。毎年8月23日と24日の地蔵会では、これらの石仏・石塔に灯明が供えられ、大勢の人が参拝に訪れます。

地蔵会が終わると境内には萩が咲き始め、元興寺は秋の草花に覆われます。

極楽堂・禅室の屋根の一部には飛鳥時代の瓦が今も残る

①大和地蔵十福南都　②印相地蔵　③梵字カの地蔵菩薩の種子印　④元興寺⑤元興寺印

①西国薬師第五番南都　②瑠璃光　③梵字バイの薬師如来の種子印　④元興寺　⑤元興寺印

①佛法元興浄土発祥奉拝　②智光曼荼羅　③梵字キリークの阿弥陀如来の種子印　④元興寺　⑤元興寺印

世界遺産

金峯山寺【きんぷせんじ】

金峯山寺の本堂である蔵王堂。高さ34メートル、四方36メートルの威容を誇る

桜の名所として知られる吉野山には約3万本の桜が植えられているといいます。桜はシロヤマザクラが中心で平安時代から植えられ続け、やがて全山が桜に覆われるようになりました。何故、桜が植えられ続けたのか、その答えは金峯山寺の開創と深い関わりがあります。

金峯山は、吉野山から大峯山山上ヶ岳にかけての一帯を指し、古くから山岳信仰の聖地とされてきました。

この聖地に修験道の総本山、金峯山寺は立っています。寺伝によれば7世紀後半の創建で、開基は修験道の開祖役小角(えんのおづぬ)です。この地で役小角は1000日の苦行を行い、金剛蔵王権現の出現を得ます。そして、その姿を彫り、本尊として蔵王堂に祀りました。本尊を彫った木が山桜といわれることから、桜がご神木とあがめられ、参詣者による桜の奉納が絶えることなく続き、現在のようになったというのです。

蔵王堂は役小角の創建後、平安時代には焼失と再建を繰り返したとされます。現在の建物は天正20(1592)年頃のものです。単層入母屋造り裳階付き、高さ34mの巨大な木造建築です。木造建築物としては東大寺大仏殿に次ぐ大きさとのこと。実に堂々とした外観です。

DATA

宗旨／金峯山修験本宗
山号／国軸山
住所／吉野郡吉野町吉野山
交通／ロープウェイ吉野山上駅より徒歩10分
拝観／8時30分～16時
拝観料／境内無料、蔵王堂800円(特別拝観時を除く)
MAP:P.31 B-3
www.kinpusen.or.jp

堂内は檜や杉など68本の柱が立ち、壮観な眺めの空間になっています。本尊は三体の金剛蔵王権現です。三体とも像高7mほどの大きさで、その表情は悪魔を調伏するため、怒りに満ち、迫力満点。金剛蔵王権現像は秘仏とされ、通常は公開されていないのが残念です。ご開帳の折にはぜひ、拝観してください。

金峯山には大峯奥駈道と呼ばれる、吉野から大峯山を経て熊野までの修行の道が通っています。特に、ここからは山上ヶ岳や八経ヶ岳など標高2000m近い山を越える険しい修行道が始まります。この大峯奥駈道は世界遺産「紀伊山地の霊場と参詣道」として登録されています。

なお、金峯山寺では一般の人を対象に行者が先達となり、修行の道を歩く、修行体験を実施しています。

役行者開創と伝わる修験道の聖地

①金峯山奉拝　②十一面観音　③梵字キャ十一面観音の種子を表す印と金峯山寺観音堂の印　④金峯山寺観音堂

①金峯山奉拝　②愛染明王　③梵字ウン愛染明王の種子を表す印と金峯山寺愛染堂の印　④金峯山寺愛染堂

①金峯山奉拝　②蔵王堂　③梵字ウーン蔵王権現の種子を表す印と吉野山蔵王堂の印　④金峯山寺

まだある！

奈良の

世界遺産

春日大社【かすがたいしゃ】

中門と御廊。中門は御本殿直前の楼門で約10mの高さがある。御廊は中門から左右に約13m延びている

社叢の緑、藤の紫に社殿が鮮やか

春日大社は称徳天皇の勅命によって、神護景雲2(768)年、藤原永手によって造営されました。

一之鳥居をくぐると、参道がまっすぐに延びています。ここから本殿へは高い樹林が日差しを遮るように茂る参道をひたすら歩きます。かなり歩いたなと思う頃、二之鳥居に到着です。無数の石燈籠が列をなして並んでいます。ここから本殿への入口、南門はもうすぐです。

南門から入り、石段を上がると中門、その向こうに4棟の本殿があります。本殿や回廊は朱色がとても鮮やかです。これは20年に一度行われる式年造替という制度により修繕、調度の新調が行われているからです。この式年造替は創建以来続く制度です。

春日大社では毎月、様々な神事が行われています。そのなかで万燈籠は、一度は見ておきたい神事です。2000基の石燈籠、1000基の釣燈籠、すべてにローソクの火がともされるのです。ローソクの柔らかな明かりに映える社殿はとてもきれいです。万燈籠は2月節分の日と8月14日、15日に行われます。

①奉拝　②春日大社
③春日大社

DATA
住所／奈良市春日野町160
交通／春日大社表参道バス停より徒歩10分
拝観／6時30分～17時30分（11～2月は7時～17時）、御本殿特別参拝9時～16時
拝観料／境内無料、御本殿特別参拝500円（令和6年10月1日より700円）
MAP:P.31 B-1
www.kasugataisha.or.jp

平城宮跡【へいじょうきゅうせき】

朱雀門、大極殿に古代が蘇る

平城宮の広さは約120ヘクタール。そこに天皇の住まいである内裏、政治・儀式を行う大極殿・朝堂院が建ち、ほかに東院、南苑、西池宮、松林苑がありました。これらの施設を高さ5mの築地大垣が城壁として囲い、朱雀門を正門に、12ヵ所の城門が設けられていました。昭和30（1955）年から発掘調査が行われ、朱雀門、東院庭園、第一次大極殿、大極門が復元されています。遺構展示館へ行けば遺構が発掘されたときの状態を見ることができます。平城宮跡資料館、平城宮いざない館では、平城宮・宮跡のことがわかりやすく展示しており、天平うまし館には、復元された遣唐使船があります。

交通／近鉄大和西大寺駅北口より大極門まで徒歩10分
開園／開館時間、休館日は施設によって異なる。宮跡は無休
入園料・施設入館料／無料
https://www.heijo-park.jp

小辺路【こへち】

熊野本宮へ向かう険しい巡礼路

小辺路は真言宗の聖地高野山と熊野本宮大社を結ぶ、全長72kmの古道です。熊野古道と呼ばれる熊野大社への参詣路のひとつで、紀伊半島の山岳地帯を走り、奈良県十津川村をほぼ一直線に縦断しています。2004年「紀伊山地の霊場と参詣道」として世界遺産に登録されました。

高野山を出発すると道はすぐに奈良県に入ります。ここからは伯母子峠、三浦峠、果無峠と標高1000m級の3つの峠を越える険しい道です。ルート上には石畳や石仏、茶屋跡などが残り古道の雰囲気を色濃く残しています。小辺路の全踏破には3泊4日ほどかかり、本格的な登山装備が必要です。

問い合わせ／奈良県観光局ならの魅力創造課、十津川村観光協会

巡礼ひと休み

世界遺産・奈良公園周辺

奈良公園では、鹿せんべいを買うと、あっという間に鹿たちに取り囲まれます。ちなみに生息する約1200頭の鹿は春日大社の神使です。

東大寺や猿沢池周辺には昔ながらのおみやげを売る店が多いのですが、最近はおしゃれな店も増えてきました。食事や買い物をするなら近鉄奈良駅周辺が便利です。少し歩いて『ならまち』へ行くのも楽しいですよ。

奈良公園

660ヘクタールの広大な地域にまたがる歴史公園。東大寺、興福寺、春日大社といった寺社や奈良国立博物館などの建築物と雄大で豊かな飛火野の緑の自然美が調和している。鹿が芝生の上を群れ遊ぶ様子は風情があり、古都奈良を象徴するスポット。

みやげ物屋の前で、修学旅行生に鹿せんべいをねだる鹿

飛火野。広大な芝生に踏み入る時は、鹿の「落し物」に注意！

鹿せんべい200円。売上金は奈良の鹿愛護会の活動費になる

鹿せんべいを購入中の男性に鹿が順番待ち。売り物の鹿せんべいには手を出さないのが鹿の掟

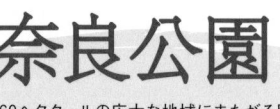

幡・INOUE 夢風ひろば 東大寺店

東大寺門前の奈良の総合複合施設「夢風ひろば」内に、麻製品の井上企画・幡が展開するショップ。一つひとつ手織りの麻の風合いを生かしたバッグやテーブルウエアはおみやげにぴったり。大和カフェでは、無農薬や有機栽培など素材にこだわったお茶、スイーツ、奈良のおばんざいを、開放的なカフェテラスと風が心地よいデッキで楽しめる。

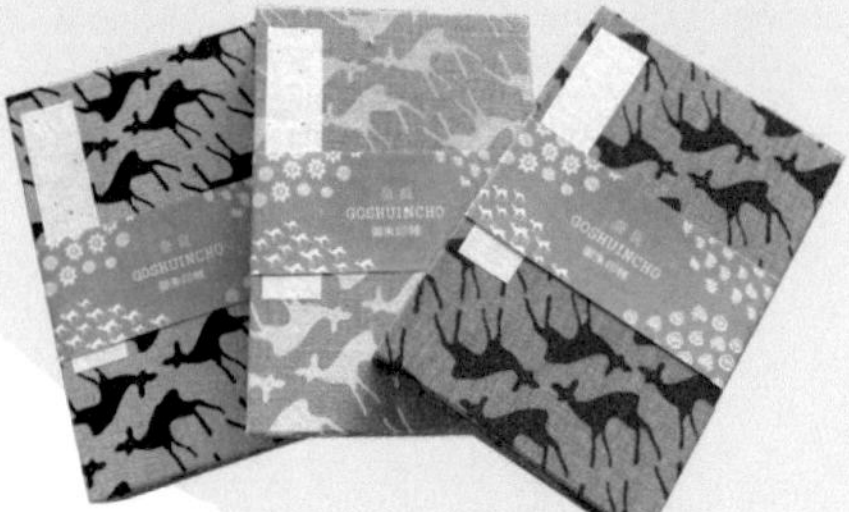

あゆみ鹿の御朱印帳2310円の他、本書P.25で紹介している麻グッズも購入できる

元興寺の旧境内を中心とする地域「ならまち」は、風情ある町並みが残された人気の観光スポット。老舗菓子店やカフェ、雑貨店など、新旧さまざまな店が並びます。

四季折々、古都の表情は変わります

奈良の四季

桜の開花より早く、奈良に春を告げるのが「お水取り」と呼ばれる東大寺の修二会です。このお水取りが終わると、なんとなく寒さが緩んでくるような気がします。

下千本から咲き始めた吉野山の桜が上千本に達するのは4月中旬。いよいよ春本番です。さわやかな気候の5月。中旬に當麻寺の練供養が終わると周辺は田植えの時期。明日香村の田植えは中旬以降です。

近畿地方の入梅は例年6月7日頃。このころ奈良公園では鹿が出産ピークとなり、かわいい小鹿の姿が見られます。

梅雨が明けると暑い夏。特に8月は盆地特有の蒸し暑い毎日が続きます。奈良公園は蝉時雨がうるさいほど。しかし、夜には気温が下がり、凌ぎやすくなります。

秋の風物詩は10月上旬に行われる鹿の角切り。切られた角は翌年の4月には、また生えてきます。奈良といえば「柿」ですが、奈良県は柿の収穫量で全国2位を誇ります。晩秋には世界遺産「春日山原始林」の紅葉も、黄葉も見事です。

奈良の冬の寒さは底冷え。足元がぞくぞくする冷たさです。降雪もあり、雪景色の古寺は静寂に包まれます。大晦日、古都を代表する寺々から除夜の鐘が聞こえ、奈良は凍りつくような寒さのなか新年を迎えます。

春の奈良公園・飛火野

夏の花・アジサイが彩る長谷寺

秋の般若寺はコスモスが満開

白雪積もる冬の朝護孫子寺

エリア別

お寺案内

◆奈良市内
◆生駒から奈良西部
◆天理・桜井・明日香
◆吉野・宇陀・五條

「あおによし奈良の都」を彷彿とさせる仏像や古寺、紅葉や桜の名所、豊かな自然のなかに広がる境内などなど、古代ロマンにあふれた奈良の御朱印めぐりは四季を通じて、さまざまな楽しみにあふれています

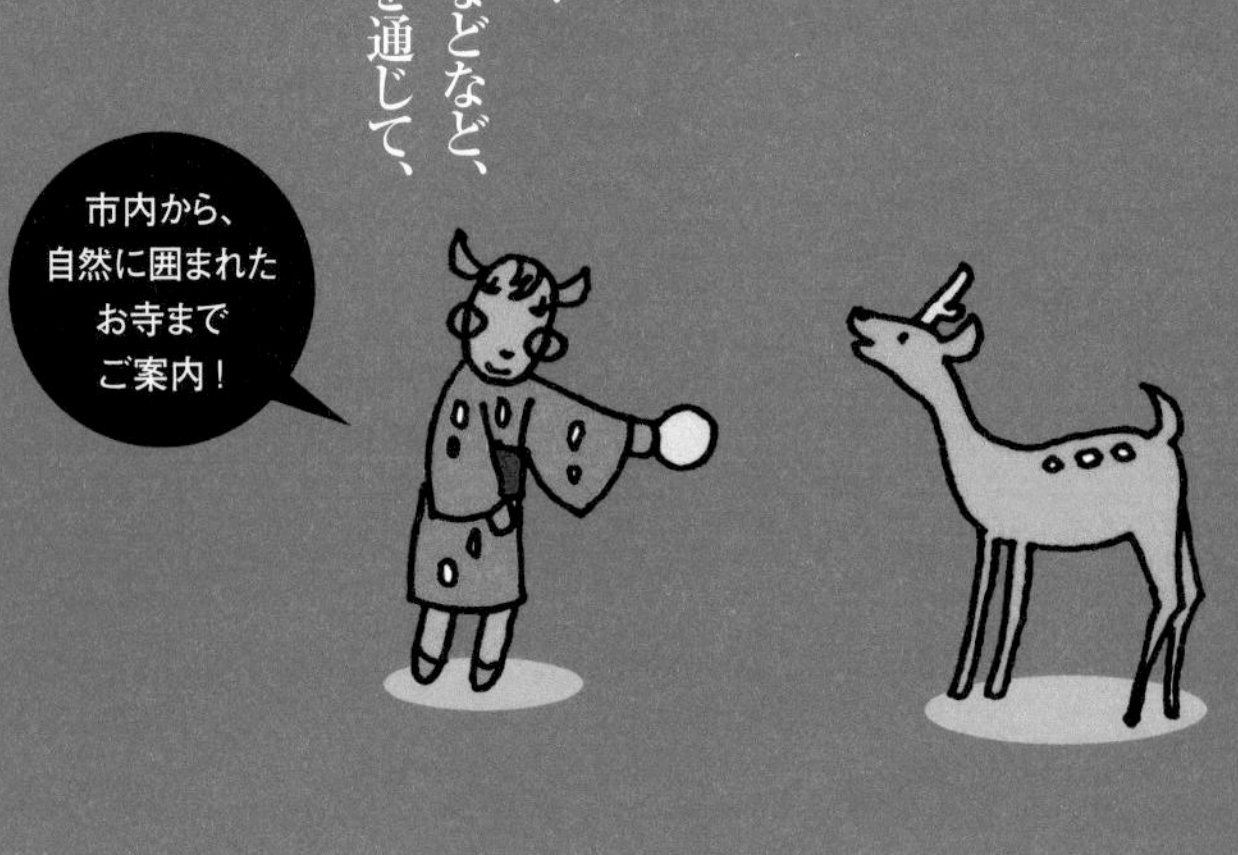

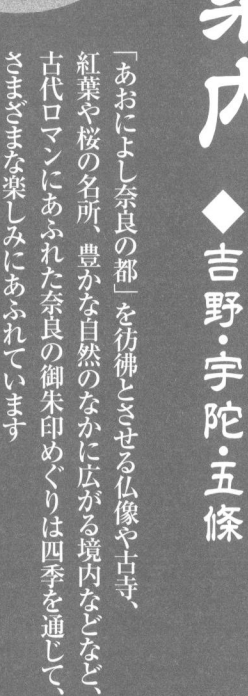

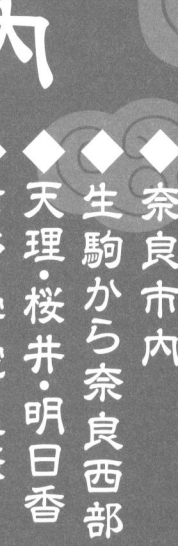

奈良市内 エリアマップ

新薬師寺
法華寺
西大寺
円成寺
不退寺

十輪院
海龍王寺
般若寺
帯解寺

JR・近鉄奈良駅から奈良公園周辺、新薬師寺、十輪院などへの足としては奈良交通の市内循環バスが便利です。

不退寺、海龍王寺、法華寺は徒歩圏内に位置、道標もあります。法華寺から1㎞ほど歩けば、世界遺産の平城宮跡に出られます。

般若寺へは、東大寺から歴史の道をたどり約1.5㎞。ゆっくりと散策してみてはいかがでしょうか。バスを使うなら、奈良駅からは青山住宅行きのバスに乗り、般若寺で下車します。また、円成寺へは往復ともバス便が少ないため、事前に時刻を調べておくのがおすすめです。西大寺、帯解寺は、どちらも最寄り駅から至近距離にあります。

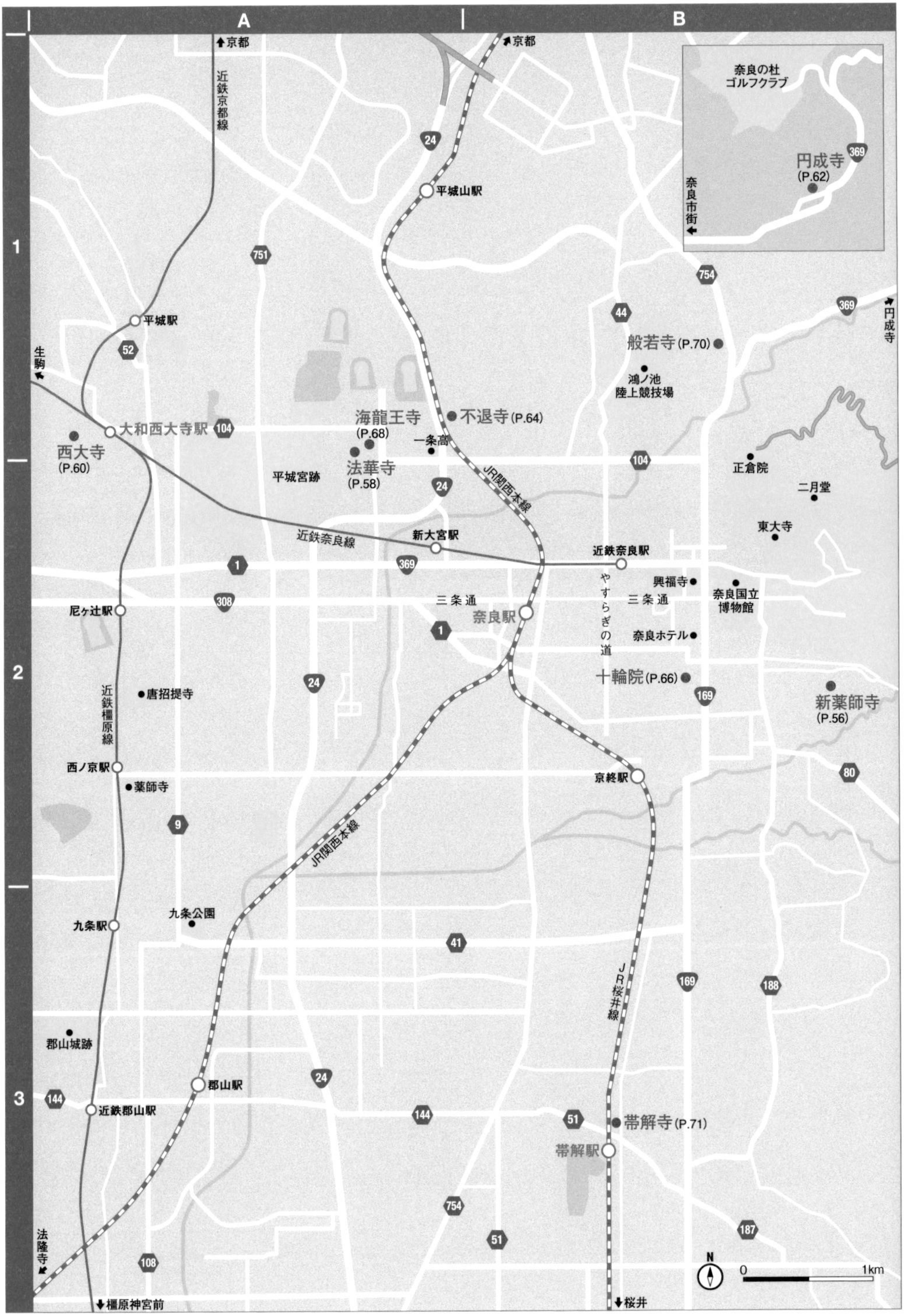
A
B
1
2
3
京都
近鉄京都線
京都
24
平城山駅
奈良の杜
ゴルフクラブ
円成寺
(P.62)
369
奈良市街
751
754
44
369
円成寺
平城駅
52
生駒
般若寺(P.70)
鴻ノ池
陸上競技場
大和西大寺駅
104
西大寺
(P.60)
海龍王寺
(P.68)
不退寺(P.64)
一条高
法華寺
(P.58)
平城宮跡
24
JR関西本線
104
正倉院
二月堂
東大寺
近鉄奈良線
新大宮駅
近鉄奈良駅
1
369
やすらぎの道
興福寺
奈良国立
博物館
308
三条通
三条通
尼ヶ辻駅
奈良駅
1
奈良ホテル
2
24
十輪院(P.66)
169
新薬師寺
(P.56)
近鉄橿原線
唐招提寺
西ノ京駅
京終駅
80
薬師寺
9
JR関西本線
九条公園
九条駅
41
JR桜井線
169
188
郡山城跡
24
郡山駅
144
近鉄郡山駅
144
51
帯解寺(P.71)
帯解駅
754
187
51
法隆寺
108
N
0
1km
橿原神宮前
桜井

新薬師寺

【しんやくしじ】

十二神将が守る、天平時代の古刹

円壇には本尊薬師如来坐像が安置され、その周りを囲む十二神将によって守られている

高畑町は古い家並みや練塀、崩れかけた土塀に昔ながらの奈良市街の面影が残る町です。新薬師寺もまた、そんな風景に溶け込むかのように簡素で静かなたたずまいを見せて立っています。

創建は天平19（747）年3月、光明皇后が聖武天皇の病気平癒を願って七仏薬師像を造立したのが始まりといいます。創建当時は東塔、西塔が並び、七堂伽藍が揃う大寺院でした。ところが、宝亀11（780）年、落雷により、伽藍のほとんどが焼失し、現在の本堂を残すのみになってしまったのです。

平成20（2008）年、奈良教育大のキャンパスから奈良時代の巨大な建物の跡が発見され、それが七仏薬師像を安置していた金堂の遺構でした。発掘された礎石は約68mもの長さがあり、約57mの東大寺の大仏殿よりも長いほどです。光明皇后の聖武天皇への深い愛情が感じられます。

新薬師寺には東門と南門があります。どちらも、鎌倉時代の建物で重要文化財に指定されています。境内には南門から入ります。南門をくぐると正面に石灯籠、その向こうが入母屋造の本堂です。

DATA

宗旨／華厳宗
山号／日輪山
住所／奈良市高畑町1352
交通／新薬師寺道口（破石町）バス停より徒歩15分
拝観／9時～17時
拝観料／600円
MAP:P.55 B-2
www.shinyakushiji.or.jp

ほの暗い堂内に入ると中央に薬師如来が堂々たる姿で座しています。大きな目が印象的で、そのため眼病平癒に功徳があるとされます。

その薬師如来の周りを取り囲むように塑像の十二神将が立っています。十二神将は薬師如来と如来を信仰する人々を守護する大将です。像高はどれも160cmほど、厳しい憤怒の表情で、弓や剣を手にしています。

十二神将は十二の方角を守っていることから、干支の守護神でもあります。自分がどの大将に守られているのか、干支を探してください。この十二神将は波夷羅（ハイラ）大将を除いては8世紀の作でわが国最古最大の神将像といえます。

周辺には白毫寺、志賀直哉旧居、奈良市写真美術館などがあり、時間をかけて散策したいところです。

①日輪山奉拝　②薬師如来　③梵字バイの薬師如来を表す印
④新薬師寺　⑤新薬師寺

貴重な奈良時代創建当初の建造物である本堂。なだらかな曲線の大屋根と大きな白壁が天平建築の証

重要文化財の本堂。1601年の再建だが、鎌倉時代や室町時代、天平時代の古木が一部使用されていることが分かった

法華寺【ほっけじ】

光明皇后の面影を宿す優美な観音様

天平の都、平城宮にほど近い広大な敷地に法華寺は創建されました。この地はもともと藤原不比等の邸宅があった場所です。不比等亡きあと、彼の娘であり、聖武天皇の王妃であった光明皇后が邸宅を継ぎ、皇后宮とします。その後、皇后はこの地を寺院に改め、伽藍の造営を始めたのです。天平17（745）年頃のことです。やがて、法華寺は全国に置かれた国分尼寺の総国分尼寺となりました。

しかし、光明皇后は伽藍の完成を待たずに、天平宝字2（760）年に崩御。その後、延暦元（782）年に造営は終わり、南大門、阿弥陀浄土院、金堂、講堂などが建ち並ぶ壮大な寺院となったのでした。残念ながら、その後、寺は兵火、災害に遭い衰微し、創建当時の建造物は残っていません。本堂、鐘楼、南門など、現在目にできるのは慶長6（1601）年に豊臣秀頼の母淀君の発願によって再建されたものです。

近世の再建とはいえ、本堂は天平時代のおおらかさが十分に感じられます。堂内に安置されているのは国宝のなか

から風呂には光明皇后が千人の垢を自ら流したとの伝説が残る蒸し風呂。建物は1766年のもの。重要有形民俗文化財

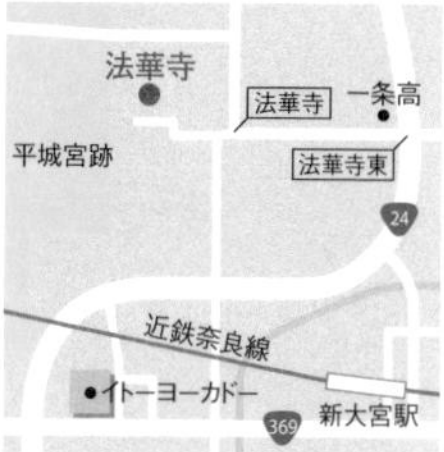

DATA
宗旨／光明宗
山号／なし
住所／奈良市法華寺町882
交通／法華寺バス停より徒歩3分、または近鉄新大宮駅より徒歩20分
拝観／9時～16時30分
拝観料／700円（十一面観世音菩薩像公開時などは異なる）
MAP:P.55 A-2
www.hokkejimonzeki.or.jp

池の中に立つ護摩堂は2004年に竣工。
毎月28日に護摩法要が行われる

でも最高傑作のひとつとされる十一面観世音菩薩像です。

蓮の葉や蕾を光背に、蓮の花を象った台座に立つ菩薩像は腰を少しひねり、右足を一歩踏み出しています。この像は光明皇后が蓮池を渡る姿を写したものと伝わり、全体に女性らしいふくよかさが感じられます。この菩薩像は非公開で春と夏、秋にのみ特別公開されます。公開日以外は白檀一木彫りの分身像が拝観できます。

本堂の売店で愛らしいお守りを見つけました。「お守り犬」です。犬の形をした小さなお守りは光明皇后が護摩供養の灰から病苦災難除けを祈願して造り授与したのが最初と伝わります。今も、当時と同じ方法で門主と尼僧が手作りしているといいますから、なんと1300年の歴史あるお守りというわけです。

①総国分尼寺奉拝　②光明皇后御尊像 本尊十一面観音
③梵字キャの十一面観音を表す印　④法華寺　⑤法華寺の印

駅から3分、平城京から徒歩20分

西大寺【さいだいじ】

現在の四王堂は延宝2年(1674)に再建された。毎年3月に初午厄除祈願会が開催されている　写真:奈良市観光協会

近鉄線大和西大寺駅は、奈良線、京都線、橿原線の乗換駅で、構内にはショッピングモールもあり、乗降客が絶えないにぎやかな駅です。特急、快速をはじめすべての列車が停車します。

この駅から西大寺は歩いて3分です。南口を降りるとすぐに東門があり、実に便利な場所に位置しているといえるでしょう。

創建は天平神護元（765）年、称徳天皇が鎮護国家のために金銅四天王像の造立を発願したのが始まりとされます。称徳天皇は女帝で、東大寺を建立した聖武天皇と光明皇后の娘です。両親が建てた東の大寺に対して西の大寺「西大寺」を建立したのでした。その規模は約48ヘクタール、弥勒金堂、薬師金堂を中心に東西両塔、四王院、十一面堂院など百以上の堂宇が並ぶ壮大な寺院でした。

平安時代になり、寺は再三の災害に遭い、衰退していきます。その後、鎌倉時代半ばになり、僧叡尊が復興、ほぼ現在の姿になりました。

称徳天皇が発願したという四天王像は四王堂で拝観できますが、これはのちの時代の像で、踏まれている邪鬼が創建当初のものです。この四王堂には本尊十一面観音も祀られています。観音像は正応2（1289）年、亀山上皇により京都から移された本格的な藤原彫刻といいます。

本堂には釈迦如来立像、文殊菩薩騎獅像、弥勒菩薩坐像、愛染堂には愛染明王坐像、興正菩薩叡尊上人像、四王堂には行基像が安置され、いずれも重要文化財の指定を受けています。

さて、西大寺といえば大茶盛式が有名です。叡尊が西大寺の鎮守八幡宮に茶を献じ、余ったお茶を集まった人々にふるまったのが始まりとされ、750年以上続く伝統ある行事になっています。

お茶会は正月、春、秋に行われ、直径約40㎝、重さ5～10㎏という大きな茶碗に僧侶がお茶をたて、参集者が回し飲みま

DATA
宗旨／真言律宗
山号／勝宝山
住所／奈良市西大寺芝町1-1-5
交通／近鉄西大寺駅より徒歩3分
拝観／8時30分～16時30分（本堂のみ6～9月は17時30分まで）
拝観料／諸堂拝観共通券800円
聚宝館開館時は1000円
MAP:P.55 A-1
saidaiji.or.jp

①天平神護元年称徳天皇勅願 奉拝　②釈迦如来　③梵字バクの釈迦如来を表す印　④西大寺　⑤西大寺印

す。回し飲むといっても、人の頭がすっぽり入るような大茶碗ですから、周囲の人に支えてもらわなければ飲めません。そこで茶席といっても笑い声が絶えない和やかな会になります。毎年1月16日に行われる新春大茶盛式は着物姿の女性が参加して、新春らしい華やかな雰囲気に包まれます。大茶盛式は一般でも参加できるので機会があれば体験してみてはいかがですか？

本堂は宝暦2(1752)年建立。装飾が少なく、簡素な造りだが、奈良の近世仏堂としては、規模、意匠ともに優れたものである。手前は東塔跡
写真:奈良市観光協会

柳生街道沿いに立つ名刹

円成寺【えんじょうじ】

本堂内部。本尊阿弥陀如来坐像は平安時代のもので重要文化財。柱に描かれている聖衆来迎図は本堂再建時に造られたと思われる

奈良公園から、東へ約12㎞、上りが続く国道を行くと円成寺はあります。奈良駅からバスならば40分近い道のりです。

円成寺は天平勝宝8(756)歳※、聖武天皇、孝謙天皇の勅願により創建されたと言い伝えられてきましたが、お寺のパンフレットには「史実的には万寿3(1026)年命禅上人が十一面観音を祀られたのが始まりである」と記載されていました。

さて本堂の阿弥陀堂は室町時代の再建です。再建とはいえ、藤原時代に建てられたものと同じ、寝殿造で建てられています。

堂内に安置されているのは阿弥陀如来坐像。豊かな体躯で包容力に満ちた阿弥陀様です。本尊を囲むように立つ4本の柱には観音菩薩、勢至菩薩を先頭に二十五菩薩が音楽を奏で、雲に乗って来迎する「聖衆来迎図」が描かれています。

「この来迎図は動きがあって臨場感に満ちているでしょう。創建当初は極彩色で描かれていたんですよ」とお寺の方は説明してくれました。

柱は全体に黒ずんでいますが、目を凝らせば琵琶を弾く菩薩像や笙を吹く菩薩像が見えてきます。柔らかな表情、衣や髪飾りなどには細やかな描写がされ、これに豊かな色彩が施されていたら、まさに極楽浄土を思わせる華麗な堂内だったに違いありません。

本尊の周り、須弥壇の四隅には鎌倉時代の初期に作られた四天王が祀られ、その他堂内に釈迦如来像、薬師如来像、十一面観音菩薩像、地蔵菩薩像、聖徳太子二歳像などもお祀りされています。

境内の多宝塔には模刻大日如来坐像が安置され、国宝である運慶作の大日如来坐像は相應殿に安置されています。

また、楼門前に広がる庭園は平安末期に築かれ、浄土式と舟遊式を兼ね備えており、名勝に指定されています。秋には紅葉が色づき、対岸からの眺めがとても美しいです。

御朱印は本堂で頂けます。寺名の印ですが、書家の榊莫山氏が若い頃に彫ったものだそうです。

DATA
宗旨／真言宗
山号／忍辱山
住所／奈良市忍辱山町1273
交通／忍辱山バス停から徒歩2分
拝観／9時～17時
拝観料／400円
MAP:P.55 B-1
www.enjyouji.jp

※孝謙天皇の勅命により天平勝宝7・8・9の3年間のみ、「年」ではなく「歳」と表記されるようになった

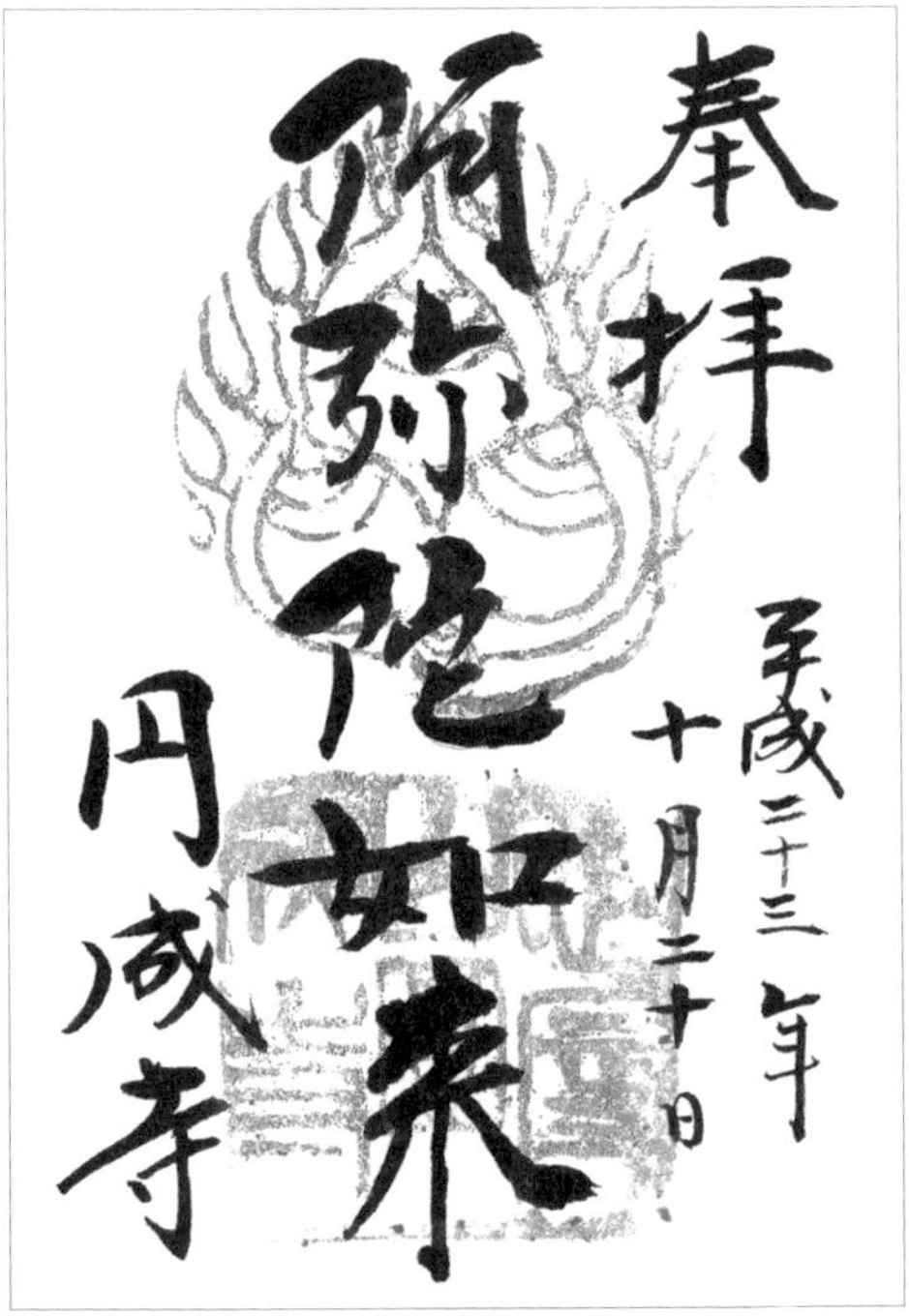

①奉拝　②阿弥陀如来　③阿弥陀如来を表す印と忍辱山円成寺の印　④円成寺

円成寺庭園は平安末期に築かれた庭園。浄土式と舟遊式を兼ね備えている。池の向こうに見える楼門は室町時代のもの

本堂に隣接して鎌倉時代の鎮守社、春日堂・白山堂が立つ。ともに国宝

本堂は室町時代の再建。屋根の曲線がきれいな寝殿造で藤原時代の阿弥陀堂を再現している。重要文化財

奈良市内

不退寺【ふたいじ】

平安の歌人をしのんで

本堂は鎌倉時代後期の建物。高床式に造られているので湿気が少なく、夏は涼しい。欄間に配された業平格子。業平が好んだ着物の柄という

一条通りから北へ。小さな踏切を渡るとすぐ不退寺の南門に着きます。境内に入ると右側に放生池が広がり、正面に本堂が見えます。境内にはレンギョウ、ツバキ、ハギ、スイレン、モミジなど500種以上の草木が生い茂り、四季の草花が咲き乱れるという表現がぴったりです。

「門を入ると空気が変わったような気がしませんか」とお寺の方に言われました。確かに心地よい風が吹き、聞こえるのは鳥の声、境内全体が静けさに包まれています。

「ここは佐保山の丘陵地帯にあって、奈良市内とはいえ里山の麓と同様の環境なんです」

不退寺には、在原業平の祖父・平城天皇が茅葺きの御殿を営み、暮らした「萱の御所」を父の菩提を弔うため、業平が寺院に改めたという歴史があります。別名を「業平寺」ともいいます。

在原業平といえば平安時代を代表する歌人で「ちはやふる」の歌はあまりにも有名です。また『伊勢物語』の主人公のモデルとしても知られています。瀟洒な建物の本堂や花にあふれた境内など、寺院とはいえ、どこか雅な雰囲気が感じられるのは、そんな来歴にあるのでしょうか。

南門は切妻造本瓦葺の四脚門。鎌倉時代の建築

DATA
宗旨／真言律宗
山号／金龍山
住所／奈良市法蓮町517
交通／近鉄新大宮駅より徒歩15分、または一条高校前不退寺口バス停より徒歩5分
拝観／9時～17時
拝観料／500円
MAP:P.55 A-1
www3.kcn.ne.jp/~futaiji

草木が茂る境内。放生池にはキショウブが咲く。見事な紅葉は11月下旬から

庫裏の庭に置かれた石棺。5世紀のものと思われ、付近の古墳から運ばれたと推定される

本尊は聖観世音菩薩立像です。宝冠帯に幅広のリボンを大きく蝶結びにしたような装飾が左右に施され、それがかわいらしい印象を与える仏像です。この仏像は平安初期のもので業平自作と伝えられます。

本尊の六器に供える草花は境内の花。柔らかな表情の観世音菩薩には、可憐な花々がふさわしい感じがします。草花の手入れは自然に任せています。

「農薬を使うと虫がいなくなるし、鳥が来なくなるんです。春にはウグイスが鳴き、カワセミのつがいが来ます。そうそう池には絶滅危惧種のニホンメダカがいるんですよ。カキツバタも植えているんですが、キショウブの方が増えてしまって……。ここは市街地から少し離れた郊外で、木に囲まれた静かなお寺です。時間に余裕をもって、仏様を拝み、境内を散策してください」と住職。

レンギョウが満開の春、緑濃い夏、そして紅葉、厳冬期には時折雪景色も見られます。四季折々に訪ねたいお寺でした。

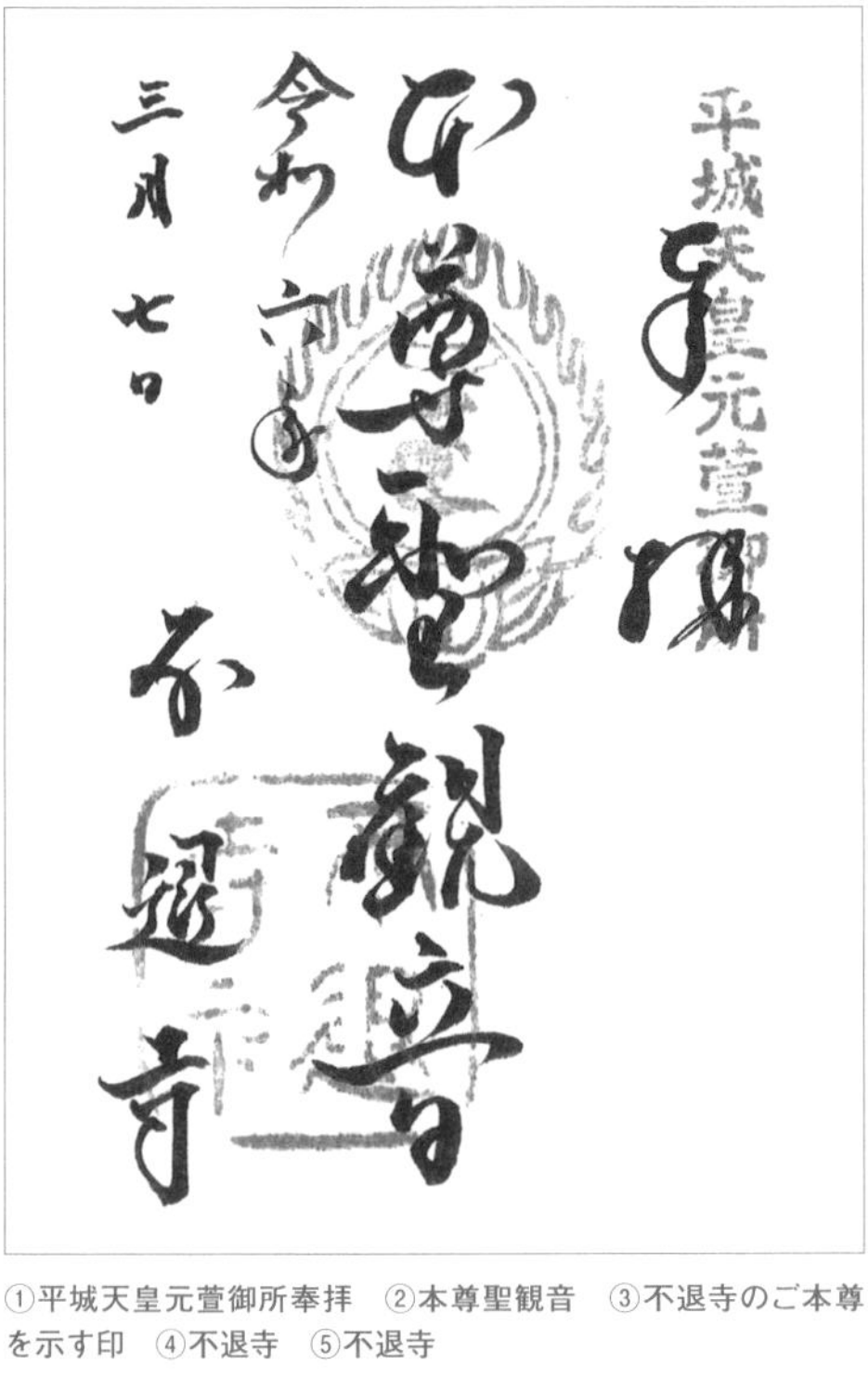

①平城天皇元萱御所奉拝　②本尊聖観音　③不退寺のご本尊を示す印　④不退寺　⑤不退寺

南門は鎌倉時代前期の建築物。四脚門で簡素な造り。両側に築地塀が続く。門前には「朝のお勤め」の立て札がある。門からは正面に本堂が見える

勤行で始める旅の朝はいかが？
十輪院
【じゅうりんいん】

狭い路地が縦横に走り、江戸時代末期から明治時代にかけての町家の面影が残るならまち。その一角、住宅に囲まれて十輪院はあります。寺伝では元正天皇（715〜724）の勅願寺で、遣唐使として有名な吉備真備の長男朝野魚養（あさのなかい）の開基ともいわれます。

南門前に「朝のお勤め」という立て札がありました。毎朝8時から作務、その後8時半からの勤行を「ご一緒にどうぞ」と書かれています。誰でも無料で自由に参加できるとのことです。

まず作務では境内の清掃などをします。そして勤行です。

勤行は鎌倉時代前期の建築とされる国宝の本堂で行います。本尊は地蔵菩薩ですが、花崗岩で造られた石仏龕（せきぶつがん）という厨子に浮き彫りにされた石仏です。

読経の前に「仏前勤行集」という、般若心経などのお経が印刷された30ページほどの冊子が配られ、記載されている経文を僧侶とともに唱えます。

作務では境内の清掃を行う

DATA
宗旨／真言宗
山号／雨宝山
住所／奈良市十輪院町27
交通／福智院町バス停より徒歩3分
拝観／10時〜16時30分、月曜閉門（祝日の場合は火曜日）、12月28日〜1月5日・1月27〜28日・7月31日〜8月31日休
拝観料／500円
MAP:P.55 B-2
www.jurin-in.com

護摩堂には不動明王と童子を祀る。毎月28日の14時から護摩祈祷が行われ、開扉される

本堂で勤行。小冊子に書かれた経文を読経する。正座が苦手な人用に腰掛けが用意されている

その後、住職のお話があり、終了となります。読経は初めてでもちゃんと声は出ます。そして大きな声を出す爽快感があります。住職のお話といえば「法話」ですが、住職は日常のできごとを話題にし、そこから心の有りようを説いています。

朝の勤行を公開する理由を聞きました。

「現在、お寺の存在感が希薄になっています。そこでもっと身近な存在にしたいと思いまして。それから、奈良観光に訪れた方々が、社寺や仏像を見学するだけでなく、読経を体験し、僧侶と語り合える機会をもつことで、今までにない奈良を感じ、奈良が心のふるさとのようになればと思ったのです」。

実際に、この勤行でストレスが軽くなり、出勤前に通うサラリーマンもいるとのことです。観光客の参加も少しずつですが増えています。いつもと違う奈良の朝を過ごしてみませんか。

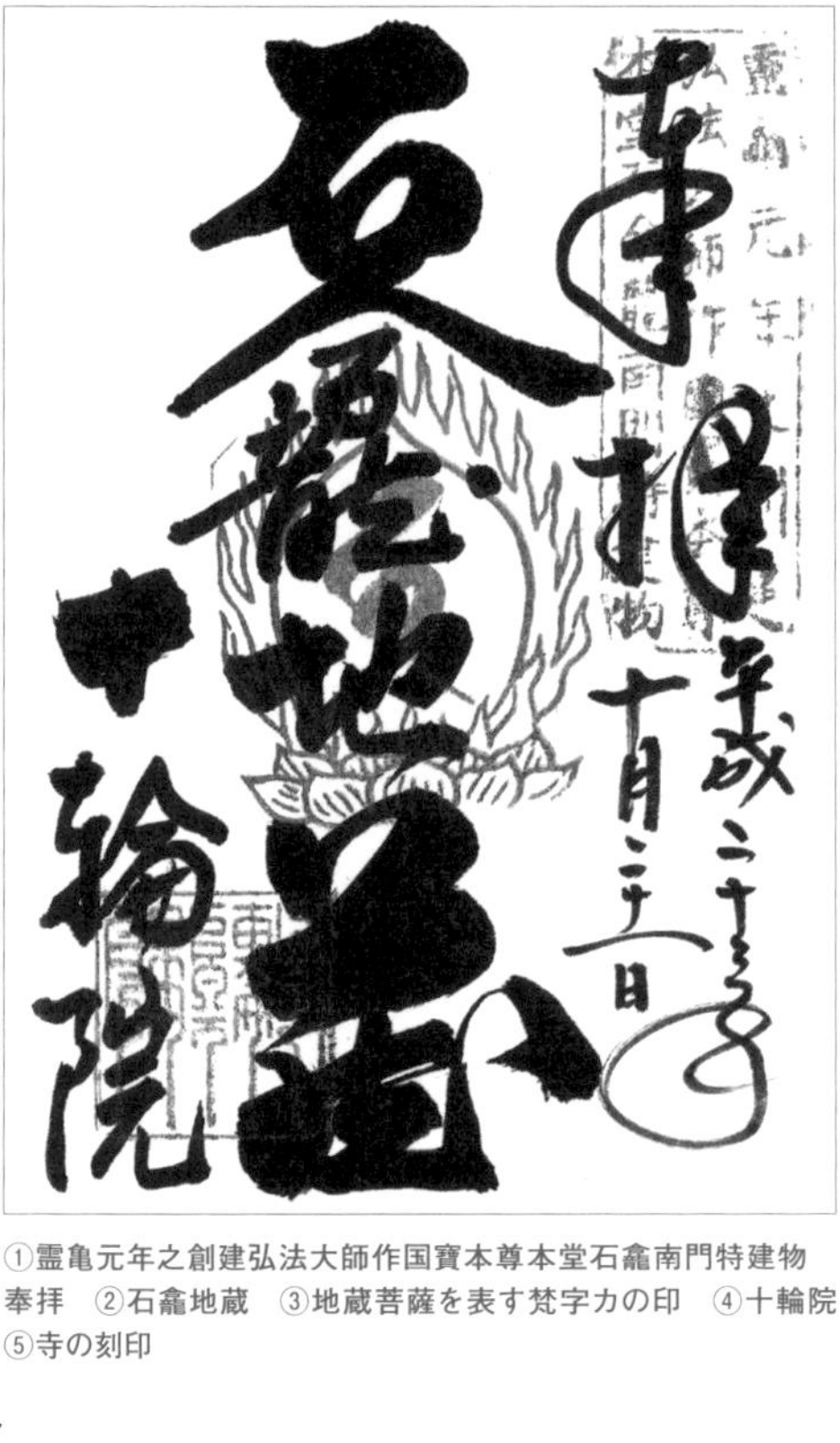

①霊亀元年之創建弘法大師作国寶本尊本堂石龕南門特建物奉拝　②石龕地蔵　③地蔵菩薩を表す梵字カの印　④十輪院　⑤寺の刻印

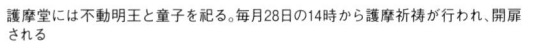

海龍王寺【かいりゅうおうじ】

怒涛の海から遣唐使を守る

17世紀中期に建立された本堂は奈良時代創建時の中金堂の位置を踏襲している。江戸時代の建物でありながら奈良時代の仏堂建築様式との類似点が多い　写真:奈良市観光協会

表門を入ると両側を土塀に囲まれた参道が本堂へと続きます。木漏れ日が柔らかく降り注ぐ参道は古寺らしい落ち着きと静けさに包まれています。

この寺の歴史は古く、飛鳥時代に建てられた毘沙門天を本尊とする小さな寺院が最初と寺伝はいいます。その後天平3（731）年、光明皇后が伽藍を整え、遣唐使の無事を願う寺としてあらためて創建しました。

初代住職は遣唐使として唐に渡り、帰国した留学僧玄昉です。彼は5000余巻の経典を持ち帰りましたが、4隻の船団を組んでの帰路、海上で暴風雨に遭います。

嵐を乗り切り、日本に帰り着いたのは玄昉の乗った第一船だけ、第二船が帰国したのは二年後、第三船と第四船はついに戻ることが出来ませんでした。人々は、玄昉が一心に海龍王経を唱えたことで、海龍王は経典を日本に伝えるために彼を守ったのだと信じました。玄昉は、この寺の住持となり、聖武天皇から「海龍王寺」の名を与えられたのです。以降、航海の安全祈願を行う寺となりました。

現在でも、海外留学や旅行の前にお参りに訪れる人が多いと聞きます。

DATA
宗旨／真言律宗
山号／なし
住所／奈良市法華寺北町897
交通／法華寺バス停より徒歩すぐ、近鉄新大宮駅より徒歩15分
拝観／9時～16時30分（8月12～17日・12月24～31日閉門）
拝観料／400円
MAP:P.55　A-1
www.kairyuouji.jp

奈良時代、平安初期には玄昉が持ち帰った経典の写経も盛んに行われるようになりました。光明皇后や空海も写経に訪れたといいます。

海龍王寺は奈良時代には「隅寺」とも呼ばれていました。それは平城京の東北の隅にあったからと考えられます。その位置は現在まで変わっていません。

本堂は江戸時代に再建されたものですが、創建時代そのままの姿を残しているのは西金堂の中央に安置されている五重小塔です。この塔は高さ約4m、天平時代の手法で細密に造られています。内部は空間になっているので、ここに経典か舎利を納めていたのではないかと考える研究者もいます。

本尊の十一面観音菩薩立像は鎌倉時代に造立されました。檜材で金泥が施され、精緻な装身具で飾られ、唇には今も鮮やかな朱が残っています。とても華麗な菩薩像です。

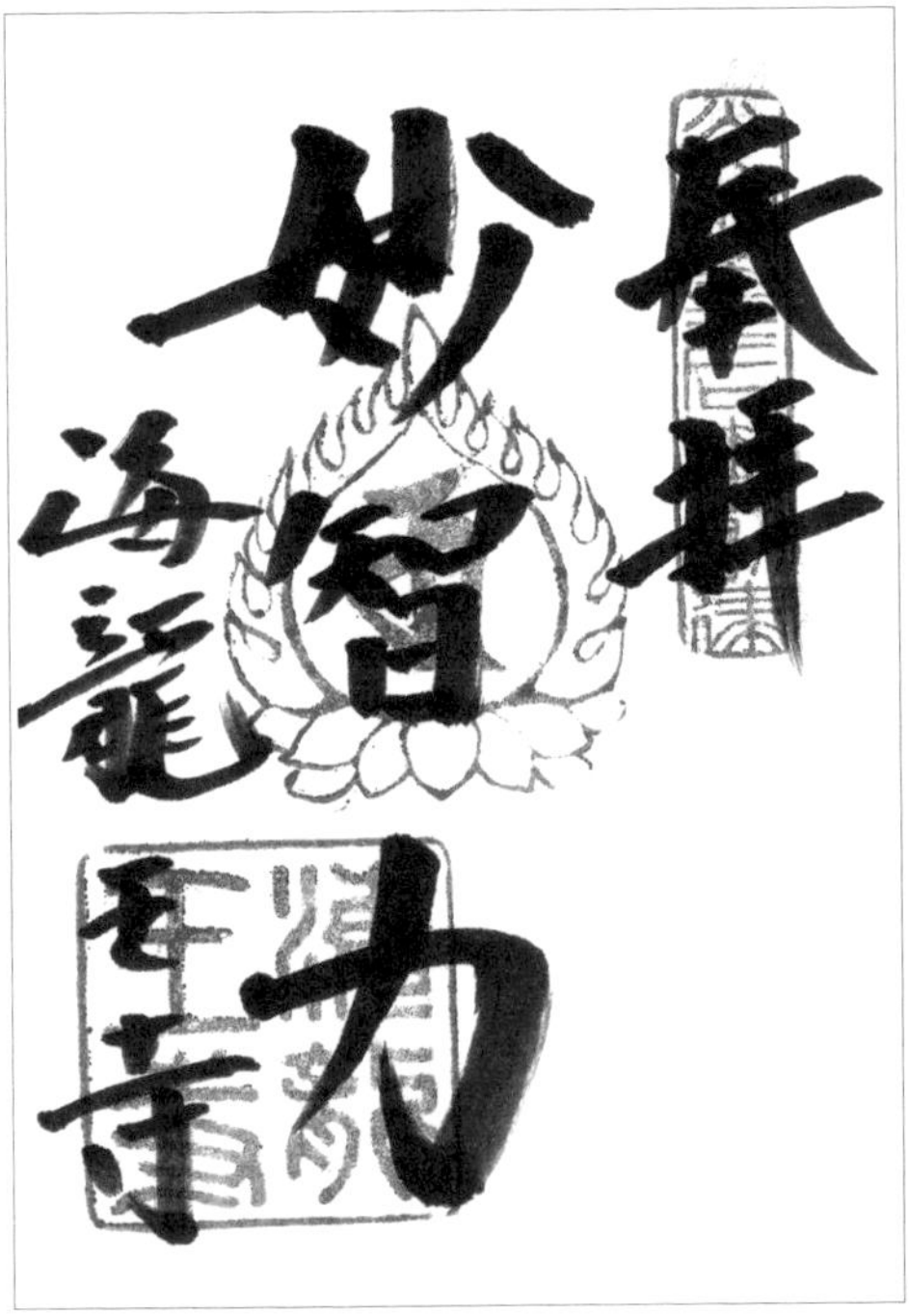

①光明皇后御創建奉拝　②妙智力　③梵字キャの十一面観音を表す印　④海龍王寺　⑤海龍王寺

①光明皇后御創建奉拝　②十一面観音　③梵字キャの十一面観音を表す印　④海龍王寺　⑤海龍王寺

本堂は寛文7(1667)年の建立で重要文化財に指定されている

般若寺【はんにゃじ】

陽だまりにコスモス揺れる

秋になると、コスモスの寺としてまず名前があがるのが、般若寺でしょう。境内を埋め尽くすように伸びたコスモスはおよそ10万本。可憐な花々は江戸期の本堂や石仏によく映え、澄んだ秋空のもと古寺らしい優しい光景を創りあげます。

創建は飛鳥時代に高句麗から渡来した僧慧灌が「般若台」と号する精舎を建てたのが始まりといいます。天平18（735）年、聖武天皇が大般若経600巻を地中に埋め、伽藍を整え、「般若寺」と命名しました。

平安時代は1000人もの僧が学ぶ学問寺として繁栄しましたが、平家の南都焼き討ちに遭い、伽藍は焼失してしまいました。鎌倉時代になり、楼門や十三重石宝塔が建立され、伽藍も復興しますが、その後の災害で現在のような規模になりました。

鎌倉期のものとしては本尊文殊菩薩、経蔵、国宝に指定されている楼門が残されています。

本尊文殊菩薩は獅子に乗った迫力ある姿。拝観者が近づくとライトが灯り、施された彩色や装飾など細部までよく拝観できます。

①奉拝　②妙吉祥　③梵字マンの文殊菩薩を表す印と般若寺印　④般若寺

DATA
宗旨／真言律宗
山号／法性山
住所／奈良市般若寺町221
交通／般若寺バス停より徒歩3分
拝観／9時～17時
拝観料／500円(5月25日～6月30日、9月21日～11月10日は花期料金700円)
MAP:P.55 B-1
www.hannyaji.com

毎年7月23日、24日には帯解子安地蔵会式大法会が開かれ境内はにぎわう

帯解寺【おびとけでら】

明るい境内は幸せ一色

境内は明るい雰囲気に包まれています。それはこのお寺が安産、子授けの祈願所だからかもしれません。妊婦さんはもちろん、友人の安産祈願をする人や仲のよさそうなご家族など多くの人々が訪れ、笑顔でお参りしています。

このお寺はもともとは霊松庵という小寺院でした。文徳天皇妃は春日明神のお告げにより、霊松庵に懐妊祈願をしたところ、惟仁親王を授かり、無事に出産を終えます。これを喜んだ文徳天皇は天安2(858)年、七堂伽藍を建て、「帯解寺」と改名したと伝わります。

江戸時代には二代将軍徳川秀忠の正室お江や三代将軍家光も祈願をして子供を授かったといいます。

本尊は子安地蔵菩薩です。鎌倉時代の寄木造りで像高約180㎝という大きなお地蔵様は左手に宝珠、右手に錫杖を持ち、半跏の姿勢で坐しています。おなかをよく見てください。紐を結んでいます。そこで「腹帯地蔵」とも呼ばれ、安産祈願の地蔵尊となったのです。

御朱印は拝観受付でいただきます。ここで販売されている御守りに『お守りワンちゃん』『起き上がり犬』がありました。犬は多産ながら、お産が軽いことで安産や子授けの守護神になったそうです。

DATA
宗旨／華厳宗
山号／子安山
住所／奈良市今市町734
交通／JR帯解駅より徒歩5分
拝観／9時～16時
拝観料／本堂内陣500円(春と秋の特別公開時のみ600円)
MAP:P.55 B-3
www.obitokedera.or.jp

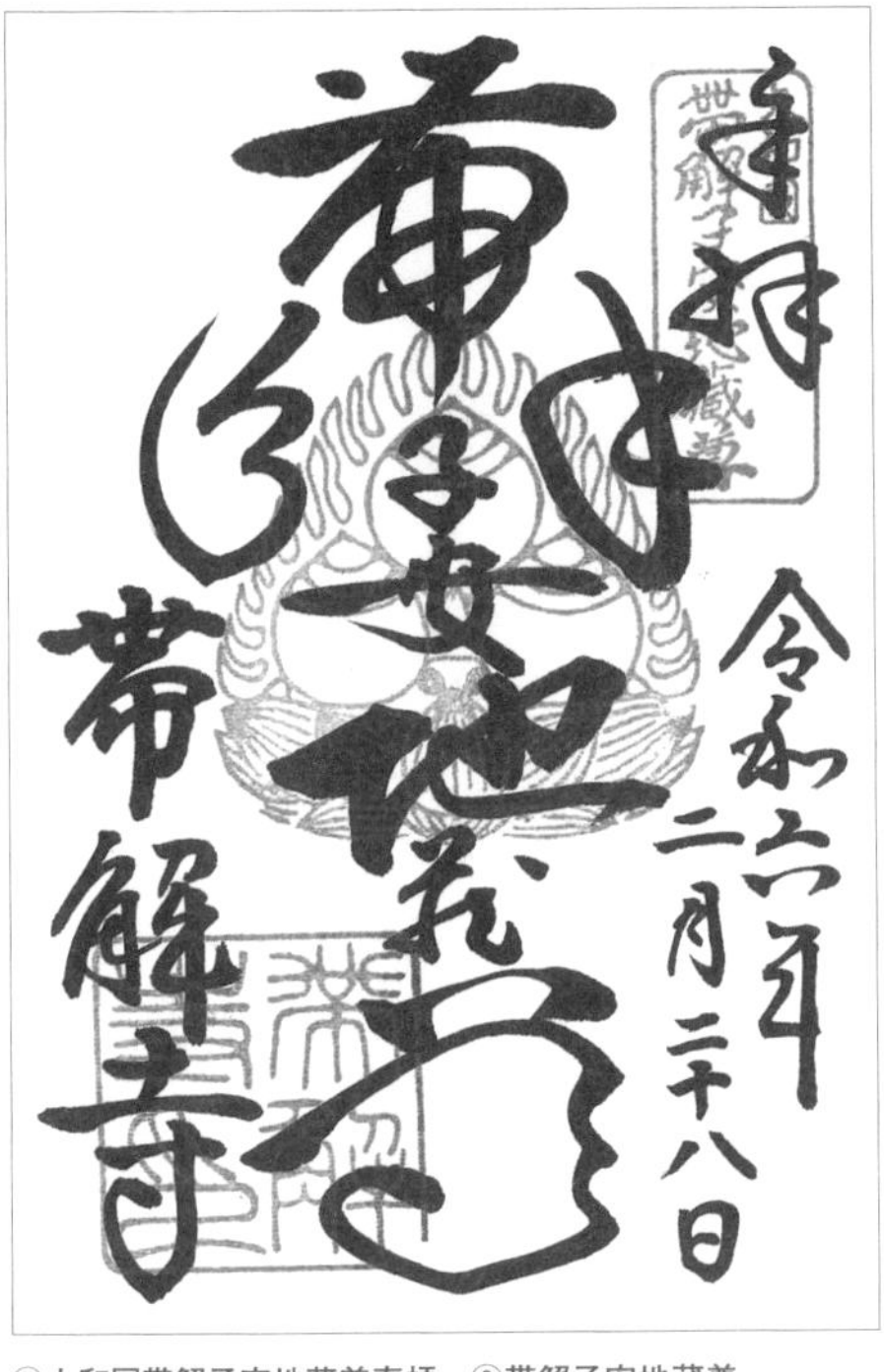

①大和国帯解子安地蔵尊奉拝　②帯解子安地蔵尊
③如意宝珠の印　④帯解寺　⑤帯解寺印

奈良西部

エリアマップ

斑鳩　生駒　葛城　信貴

當麻寺　中宮寺

朝護孫子寺　長弓寺

寳山寺

法輪寺

斑鳩の里へはJR法隆寺駅から法隆寺門前まで4～6月の土・日・祝日なら約10分おきにバス便があります。平日は1時間に3本ほど、近鉄筒井駅からは1時間に2本ほどです。法隆寺から、法輪寺、法起寺と歩けば斑鳩三塔巡りが楽しめます。中宮寺は法隆寺夢殿からすぐ。

朝護孫子寺へは近鉄線王寺駅または信貴山下駅からのバス便が便利です。長弓寺は西大寺とともに訪ねるといいでしょう。寳山寺へは近鉄生駒駅からレトロなデザインの生駒ケーブルに乗り、宝山寺駅で降りて徒歩10分ほどです。當麻寺は大阪方面からの交通が便利で、近鉄当麻寺駅から約1㎞。奈良方面からは橿原神宮前駅乗り換えになります。

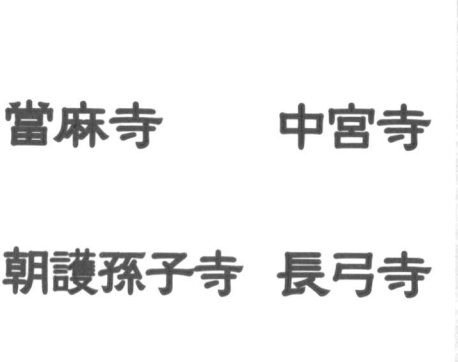

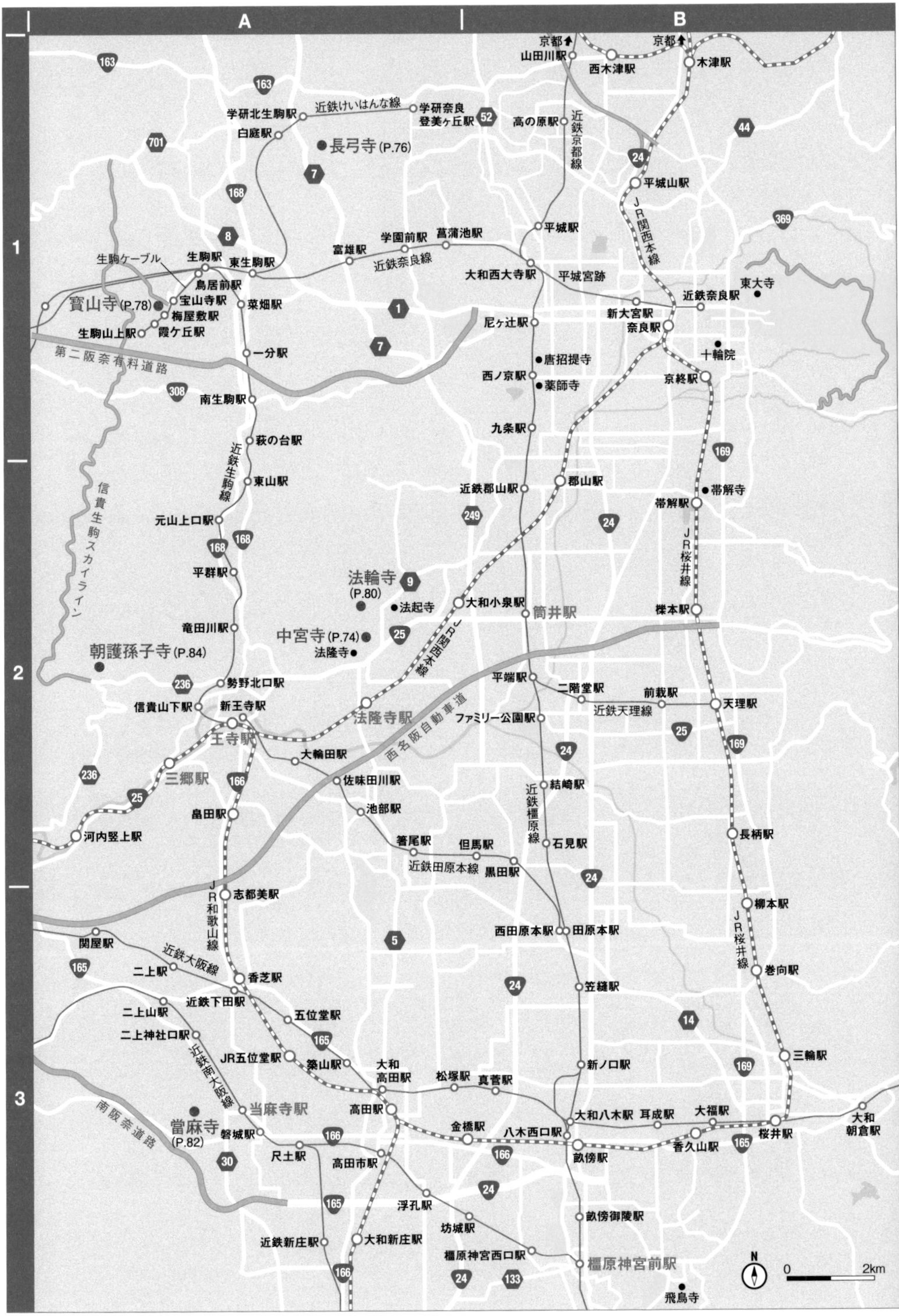

A
B
1
2
3
京都
山田川駅
西木津駅
木津駅
学研北生駒駅
近鉄けいはんな線
学研奈良登美ヶ丘駅
高の原駅
近鉄京都線
白庭駅
長弓寺(P.76)
平城山駅
JR関西本線
平城駅
学園前駅
菖蒲池駅
富雄駅
近鉄奈良線
生駒ケーブル
生駒駅
東生駒駅
鳥居前駅
宝山寺駅
寶山寺(P.78)
梅屋敷駅
霞ケ丘駅
生駒山上駅
菜畑駅
大和西大寺駅
平城宮跡
東大寺
近鉄奈良駅
新大宮駅
奈良駅
尼ヶ辻駅
十輪院
一分駅
第二阪奈有料道路
唐招提寺
西ノ京駅
薬師寺
京終駅
南生駒駅
九条駅
萩の台駅
近鉄生駒線
東山駅
近鉄郡山駅
郡山駅
帯解寺
帯解駅
信貴生駒スカイライン
元山上口駅
平群駅
法輪寺
(P.80)
法起寺
大和小泉駅
筒井駅
JR桜井線
櫟本駅
竜田川駅
中宮寺(P.74)
法隆寺
朝護孫子寺(P.84)
JR関西本線
勢野北口駅
平端駅
二階堂駅
前栽駅
天理駅
近鉄天理線
信貴山下駅
新王寺駅
法隆寺駅
西名阪自動車道
ファミリー公園駅
王寺駅
大輪田駅
三郷駅
佐味田川駅
結崎駅
近鉄橿原線
池部駅
畠田駅
河内堅上駅
箸尾駅
但馬駅
石見駅
長柄駅
近鉄田原本線
黒田駅
志都美駅
JR和歌山線
柳本駅
西田原本駅
田原本駅
関屋駅
近鉄大阪線
二上駅
香芝駅
巻向駅
笠縫駅
近鉄下田駅
二上山駅
五位堂駅
二上神社口駅
JR五位堂駅
築山駅
大和高田駅
三輪駅
新ノ口駅
近鉄南大阪線
南阪奈道路
当麻寺駅
高田駅
松塚駅
真菅駅
大和八木駅
耳成駅
大福駅
大和朝倉駅
當麻寺
(P.82)
磐城駅
金橋駅
八木西口駅
桜井駅
尺土駅
高田市駅
畝傍駅
香久山駅
浮孔駅
畝傍御陵駅
坊城駅
近鉄新庄駅
大和新庄駅
橿原神宮西口駅
橿原神宮前駅
飛鳥寺
N
0
2km
163
52
44
701
7
24
168
369
8
1
308
169
249
9
25
236
166
5
14
165
30
133

表御殿は江戸時代後期に建立された書院造。登録有形文化財。内部は一般公開されていない

斑鳩

中宮寺【ちゅうぐうじ】

麗しの菩薩に、ただただうっとり

　小さな拝観受付をくぐるとすぐ、表御殿があります。書院造の外観は皇族ゆかりの門跡尼寺らしい閑雅な趣があります。中宮寺は聖徳太子の母穴穂部間人（あなほべのはしひと）皇后の勅願により創建されました。格式ある大和三門跡尼寺（法華寺・中宮寺・円照寺）のなかでも、飛鳥時代から続く最も古い尼寺です。

　そして、なにより、本尊菩薩半跏像は飛鳥彫刻最高傑作としてあまりにも有名です。

　菩薩像が安置されている本堂は御殿の南側にあります。建築家吉田五十八の設計で、昭和43（1968）年、耐震耐火のお堂として落慶しました。簡素な造りで池のなかに浮かぶようにして建ち、池の周囲には八重一重のヤマブキが植栽されています。

　池を渡り、石の階段を少し上り、お堂に入れば、正面で本尊が麗しい姿を見せて参詣者を迎えてくれます。榻座に腰掛け、左足を垂れ、右足を左膝の上に置く半跏の姿勢をとり、右手を曲げ、指先を右頬に触れる思惟の姿です。その顔は伏目がちで口元に微笑をたたえ、柔らかな優しさにあふれています。

　この微笑を和辻哲郎は著書『古寺巡礼』で「たましいのほほえみ」と表現し、像全体を「まことに至純な美しさで、また美しいとのみでは言いつくせない神聖な美しさである」と讃えました。

　菩薩像の肌は黒く、一見、金銅仏のように見えますが、木彫で、保存のために黒漆を塗り、その上から彩色を施したと推測されます。永年の歳月に彩色は褪せ、さらに香煙により、現在目にするような、光沢のあるつややかな漆黒に変化していったのかもしれません。

　「お姿に見とれて1時間以上も座っていかれる方もいらっしゃいます」とお寺では言います。まさに訪れる人すべてを魅了してしまう像といっても過言ではないでしょう。

　この日、菩薩の前には純白のユリと青々としたシキビが供

DATA
宗旨／聖徳宗
山号／法興山
住所／生駒郡斑鳩町法隆寺北1-1-2
交通／法隆寺門前バス停より徒歩8分、または中宮寺前バス停より徒歩5分
拝観／9時～16時30分（10～3月は16時）
拝観料／600円
MAP:P.73 A-2
www.chuguji.jp

①法興山奉拝　②如意輪観音　③菊の紋と中宮尼寺の印
④中宮寺

拝観受付を入ると売店がある。中宮寺らしいグッズ（授与品）が販売されている

えられ、堂内は花の香る清々しい空気に満ちていました。

参拝後、拝観受付で御朱印を頂きました。寺印を見てください。カメの形をしています。

「寺宝の天寿国曼荼羅繡帳に亀甲型があるのです。それをモチーフにしているんですよ」

ちょっとユーモラスなカメに思わず微笑みたくなる御朱印でした。

高松宮妃殿下のご発願により建てられた本堂の周りには4月半ば頃、山吹の花がきれいに咲く　撮影：三好 和義

国宝指定の本堂。昭和10年の大解体修理を経て現在にいたる

生駒

長弓寺【ちょうきゅうじ】

独特の表情を見せる十一面観音

緩やかな矢田丘陵に長弓寺はあります。こぢんまりとした山門を入れば、本堂へと参道が続きます。道沿いにはアジサイが植えられ、6月には青、白、紫の花々が涼しげな姿で迎えてくれるでしょう。

石段を少し上がれば本堂です。入母屋造、檜皮葺の建物は棟札銘から弘安2（1279）年の建立と判明しました。内部は柱が少なく、梁が露出し、広々とした空間になっています。

現存する本堂は鎌倉時代の建築ですが、長弓寺の開創はそれよりずっと以前、奈良時代にまで遡ります。

奈良時代、この地を支配していたのは真弓長弓です。長弓は長男とともに聖武天皇に従い、狩りをしていましたが、飛び立った怪鳥を射ようと息子の放った矢が誤って当たり、亡くなってしまいます。これを哀れんだ天皇が行基に命じて、一宇を建て十一面観音を祀り供養しました。それが、このお寺の始まりで神亀5（728）年のことだといいます。

その後、桓武天皇（在位781～806）の時代、藤原良継が伽藍を建て阿弥陀如来、釈迦如来、四天王を安置。寺勢が栄えたときには塔頭20ヵ院を数えたと伝わりますが、応仁の乱による破壊や織田信長の寺領没収などにより衰退し

DATA
宗旨／真言律宗
山号／真弓山
住所／生駒市上町4445
交通／真弓橋バス停より徒歩5分
拝観／9時～16時（要予約）
拝観料／団体500円・個人志納（500円以上）
MAP:P.73 A-1
www.chokyuji-hokkein.jp
www.chokyuji-yakushiin.com
www.chokyuji-ensyouin.jp

ていきました。

現在のように堂宇が整ったのは昭和10（1935）年に行われた建造物の大修理や境内の整備がされてからです。

本堂に安置された本尊十一面観音像は像高約116cm、平安後期の作と思われます。像全体に金箔が残り、目のつり上がった独特の表情をしています。通常は黒漆の厨子に納まり、秘仏とされ、1月1日から3日までの修正会などで公開されます。厨子の右脇には釈迦如来坐像、左脇には阿弥陀如来坐像があります。どちらも像高は130cm余の堂々とした像です。ほかに四天王立像、十一面観音立像、釈迦如来立像が置かれ、こちらはいつでも拝観可能です。

長弓寺には薬師院、円生院、法華院、宝光院の塔頭があります。宝光院以外は宿坊として利用でき、精進料理が味わえます。

①聖武天皇勅願行基菩薩開基奉拝　②大悲殿　③梵字キャの十一面観音を表す印　④真弓山長弓寺　⑤真弓山長弓寺

①大和十三仏第九番奉拝　②大勢至　③梵字サクの大勢至菩薩を表す印　④真弓山長弓寺　⑤真弓山長弓寺

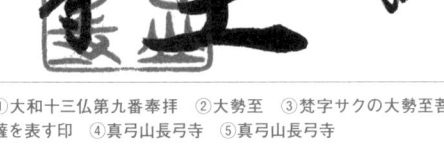

生駒

寳山寺【ほうざんじ】

「生駒の聖天さん」と親しまれる

護摩堂様式の本堂は同寺で最古の建造物。背後には般若窟のある岩壁がそびえ立つ

　生駒山は古来、神や仙人が住む山として人々に崇められてきました。山中には、巨岩や奇石、いくつかの窟からなる「般若窟」があります。寺伝によると7世紀に役行者が梵文般若経を書写し、この般若窟内に納めたとされており、弘法大師もこの場所で修行したと伝わります。

　寳山寺は、真言律宗の律師である山湛海律師によって中興開山されました。伊勢に生まれ、正保3（1646）年に江戸の永代寺に入った湛海律師は歓喜天の修法に優れ、永代寺八幡宮の復興ではその祈祷の効験を発揮したといいます。独立するると、真の仏法を求めることに目覚め、不動明王による暗示で延宝6（1678）年に生駒山へ。村人や郡山藩家老らの協力のもと仮本堂を建立、当初は大聖無動寺を号し、寺の鎮守として聖天（大聖歓喜天）を祀ったと伝わります。その後、およそ10年をかけて堂宇を完成させました。同時期にこの地で弘法大師真蹟と思われる「寳山寺」の扁額が発見されたことから、寺号を現在の寳山寺に改めたという説があります。

　近代以降はあらゆる願い叶える「生駒の聖天さん」として信仰を集め、なかでも商売繁盛を祈願する人々が多く訪れることで知られます。

　境内は山腹に位置するため、

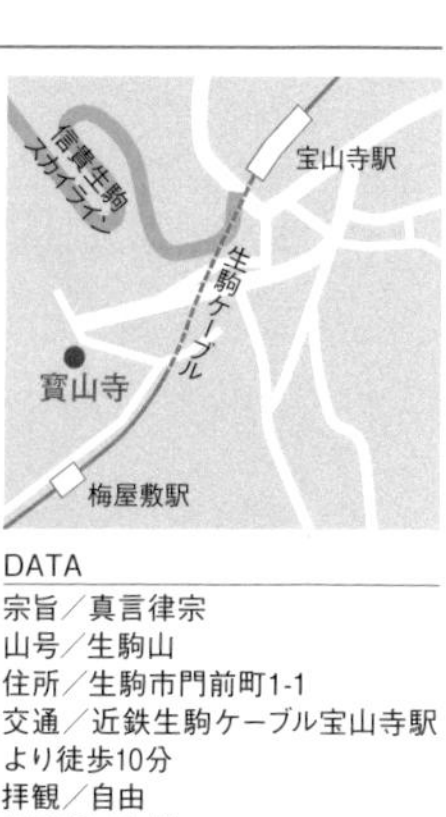

DATA
宗旨／真言律宗
山号／生駒山
住所／生駒市門前町1-1
交通／近鉄生駒ケーブル宝山寺駅より徒歩10分
拝観／自由
拝観料／無料
MAP:P.73 A-1
www.hozanji.com

ケーブルカーに乗って登ります。灯籠が並ぶ石畳の参道を進むと、背の高い鳥居があります。大聖歓喜天はけがれを嫌うとされているため、必ず鳥居をくぐり、身を清めてから本堂へ向かいましょう。

本堂は貞享5（1688）年の建立。堂内に祀られている本尊不動明王は湛海律師の作です。隣接する聖天堂拝殿は、外拝殿、中拝殿と大聖歓喜天（秘仏）を祀る聖天堂の屋根が重なり合っており、寺院建築としては珍しい外観です。

聖天堂奥の階段を上がると文殊堂、常楽殿、観音堂と続きます。文殊堂には知恵を司る仏様が祀られており、受験合格など学業関連の祈願をする親子が多く訪れるとか。さらに奥へ進むと、愛染明王像を祀る色鮮やかな多宝塔や大師堂、奥の院本堂などがあります。広い境内ですが、このあたりまで登ると見晴らしがよく、眼下に広がる奈良の街並みを一望することができます。

本堂には本尊不動明王のほか、脇侍の矜羯羅（こんがら）童子立像、制多迦（せいたか）童子立像などが並ぶ

文殊堂の本尊文殊菩薩。学業成就などの御利益で知られる

①加持感応生駒山　②歓喜天　③梵字ギャクギャクの歓喜天を表す印　④宝山寺　⑤大和國生駒山宝山寺

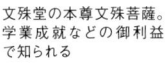

斑鳩

法輪寺【ほうりんじ】

飛鳥時代の仏像と三重塔で知られる

現在の金堂は、旧金堂の位置を踏襲しながらも、ひとまわり小規模になっている

法輪寺の創建についてはふたつの説が伝わっています。ひとつは推古30（622）年、聖徳太子の病気平癒のため、太子の子の山背大兄王と孫の由義王が建立したという説。他は天智9（670）年の斑鳩寺焼失後、百済開法師、圓明法師、下氷新物の3人が合力して建てたという説です。

7世紀末には、諸堂宇が整い、平安時代には寺勢も盛んであったようです。

しかし、その後、火災や災害で堂宇が倒壊。創建当時の建物は三重塔が残るだけになってしまいました。江戸後期になると建物や仏像の修理が始まり、宝暦11（1761）年には金堂、講堂、南大門の再建が完了します。ところが、昭和19（1944）年7月、三重塔が落雷により炎上焼失。創建当時の建造物は全て失われてしまったのです。

しかし、南門を入ると左側に三重塔が立っています。これは昭和50（1975）年の再建なのです。塔の再建には作家幸田文はじめ多くの人々の支援が集まりました。飛鳥様式を再現する塔を設計したのは竹島卓一名古屋工業大学名誉教授、実際の工事に携わったのは西岡常一でした。西岡は法隆寺の大修理、薬師寺西塔の復元などを手がけた技術を後世に伝えたことから「最後の宮大工」と称されます。西岡のもとに全国から宮大工が集まり、塔の建築は進められました。こうして多くの人々の情熱のもと三重塔は創建当初の姿を現代に蘇らせたのです。

三重塔の向こうには講堂（収蔵庫）があります。昭和35（1960）年に建替えられた鉄筋の建物です。堂内には7体の仏像が安置されています。まず目を引くのは高さ4mほどの大きな十一面観音菩薩立像。平安時代のもので杉材で造られています。十一面観音像を中心に向かって左手に本尊の薬師如来坐像が並びます。寺伝では鞍部鳥（くらつくりのとり）の作とされ、飛鳥時代の木彫如来像です。手に薬壺を持たない古い形式が見られます。向かって右手に立つのは虚空蔵菩薩立像で、飛鳥時代の一木造りです。この3体の仏像はすべて重要文化財に指定されています。

DATA
宗旨／単立
山号／なし
住所／生駒郡斑鳩町三井1570
交通／中宮寺前バス停より徒歩15分
拝観／8時～17時（12～2月末は16時30分）
拝観料／500円
MAP:P.73 A-2
www.ikaruga-horinji.or.jp

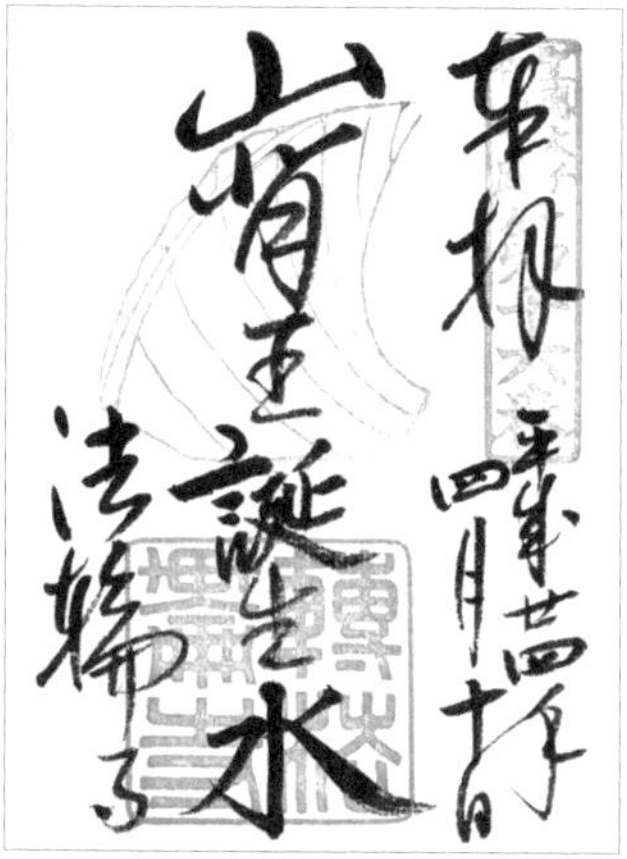

①聖徳太子御遺跡第十六番奉拝　②山背大兄王誕生水　③鴟尾瓦を表す印と法輪寺印　④法輪寺

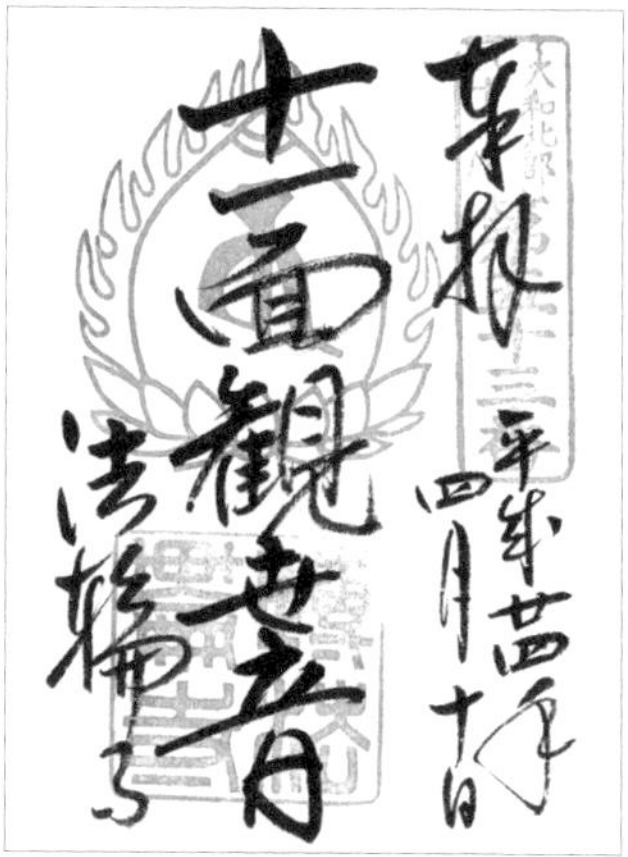

①大和北部八十八ヶ所第五十三番奉拝　②十一面観世音　③梵字キャの十一面観世音を表す印と法輪寺印　④法輪寺

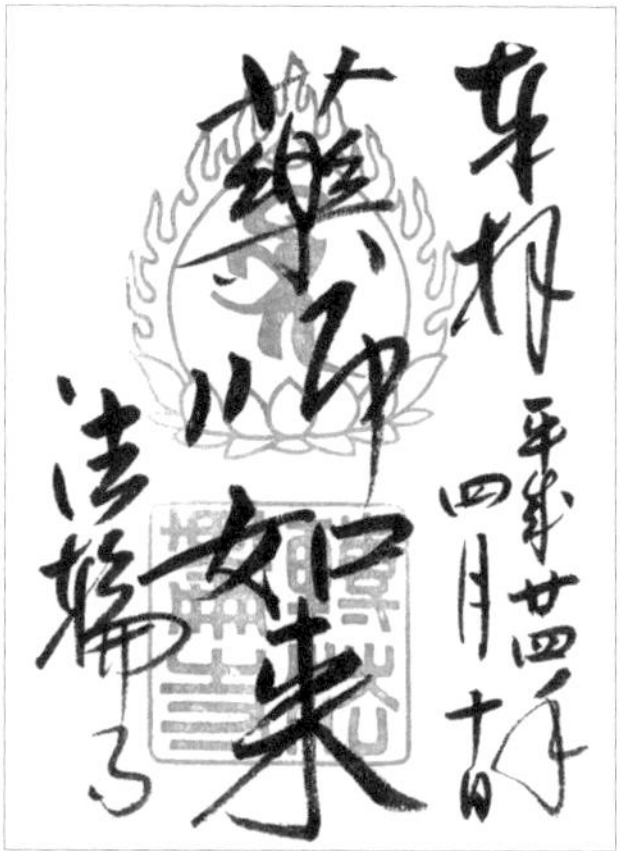

①奉拝　②薬師如来　③梵字バイの薬師如来を表す印と法輪寺印　④法輪寺

※山背王誕生水…聖徳太子が法輪寺近くに掘った三井の井戸の水で山背王大兄王が産湯をつかったという伝承にちなむ。

再建された三重塔の心礎は地下式で、旧三重塔のものをそのまま使っている

葛城

中将姫伝説が生まれたボタンの古寺

當麻寺【たいまでら】

本堂(曼荼羅堂)。外陣の棟木には1161(永暦2)年の墨書名がある。境内はボタンの名所としても有名

奈良盆地の南西、二上山の麓に當麻寺はあります。二上山ですが、雄岳、雌岳というふたつの頂上を持ち、夕日が頂上と頂上の間に沈む光景から、古代の人々は、この山を西方浄土への入口と思っていました。

そんな特別な山の麓に當麻寺は建っているのです。しかし、その創立については、不明な点が多く、さまざまな説があります。お寺でいただいた『當麻寺』という小冊子では、推古天皇20（612）年、聖徳太子の異母弟麻呂子が河内国山田郷に一寺を立てたのが最初で、白鳳9（681）年になり麻呂子の孫、當麻国見がこの地に寺を移し、金堂、講堂、千手堂、東西両塔を整え、寺号を當麻寺と改めたと記載されています。

當麻寺を有名にしたのは中将姫の物語です。中将姫は右大臣藤原豊成の娘で天平宝字7（763）年、17歳で出家。信仰篤く生身の阿弥陀如来を拝みたいと念じる姫の前に、尼が現れ、100駄の蓮茎を集め、糸を作れといいます。そのとおりにすると、もうひとりの尼が現れ、ふたりの尼は蓮の糸で曼荼羅を織り、姫に曼荼羅の意味を説きます。そして、紫雲に乗り西方へ去るのですが、このふたりは阿弥陀如来と観音菩薩でした。その後、姫は

本堂の前に立つ中将姫の像。
歌舞伎や能の演目でも有名

DATA
宗旨／真言宗、浄土宗
山号／二上山
住所／葛城市當麻1263
交通／当麻寺駅より徒歩15分
拝観／9時～17時
拝観料／500円
MAP:P.73 A-3
https://taimadera-gonenin.or.jp/

最古と推定される鐘楼。その背後には二上山の双峰が見える。當麻寺から二上山へのハイキングコースがあるが、ほとんどが山道になる

御朱印は本堂で頂く

曼荼羅の教えを人々に伝え、29歳を迎えると、阿弥陀如来が諸仏とともに来迎し、西方浄土へ中将姫を導いたというのです。

この蓮糸曼荼羅が當麻寺の本尊ですが、寺宝として秘蔵され、公開はされていません。本堂（曼荼羅堂）には、伝説の曼荼羅を写したとされる江戸期の曼荼羅が祀られています。

中将姫伝説から生まれた行事が、毎年5月14日に行われる「練供養会式」です。1000年以上も続く、この行事は當麻寺周辺の人々から成る菩薩講により、維持されてきました。当日は本堂から娑婆堂まで約150mの橋を渡し、その上を二十五菩薩の面と衣装を着けた講の人々が練り歩きます。16時から行われ、二上山に日が傾くころには菩薩面に夕日が当たり、幻想的な光景が展開するそうです。

境内には奥院、西南院、中之坊、護念院が建ち、それぞれが歴史ある文化財を収蔵・公開しています。これらの塔頭を拝観して歩くと2時間ほどは必要です。

①新西国第十一番奉拝　②蓮糸大曼陀羅　③卍の印
④當麻寺　⑤當麻寺印

世界一福寅はインパクト抜群。この寅とともに記念写真を撮る参拝客は多い

信貴

朝護孫子寺【ちょうごそんしじ】

広い境内は寅がいっぱい

朝護孫子寺というより、誰もが、親しみをこめて「信貴山（しぎさん）」と呼ぶ真言宗の名刹です。そして、多くの人が「信貴山」といえば「寅」を思い浮かべることでしょう。

まず入口では全長6mという世界最大の張子の寅が出迎えてくれますし、境内を歩けば、招福三寅、満願の寅、笑寅等々の石造物、狛犬も寅、売店には寅の絵馬や寅の土鈴、寅の御守りと、そこかしこで寅たちと出合えます。ホームページやポスターにも、寅は登場します。

何故、寅なのでしょうか？それは、このお寺の創建に由来します。仏教を取り入れるために物部守屋の討伐に向かう聖徳太子が途中、この地で戦勝祈願をしたところ、毘沙門天が現れ必勝の秘法を授けました。その日は寅年寅日寅の刻だったのです。秘法のおかげで戦いに勝利した太子は、この山に毘沙門天を祀ったと伝わるからです。

朝護孫子寺が建つのは標高437mの信貴山中腹。広大な境内には成福院、千手院、玉蔵院といった塔頭があり、本堂、十三塔、多宝塔、虚空蔵堂などの堂宇が並びます。残念ながら創建当初の建物は戦国時代の兵火に焼かれ、何も残されていません。

本堂は昭和33（1958）年の再建です。深い谷に張り出した舞台造で舞台からは大和平野が一望のもと。元旦には奈良盆地の上に昇る初日の出が拝め、人気のスポットになります。この本堂の下では「戒壇めぐり」ができます。まったく光が射さない真っ暗な堂内を歩くのは少しスリルがあります。暗闇のなかで如意宝珠を納めた扉の鍵に触れると「心願成就の御利益あらたか」とのこと。修行の場です。

本堂に隣接して霊宝館があります。ここに有名な国宝「信貴山縁起絵巻」が展示（秋の特別展示公開以外は複製を展示）されています。三巻から成る絵巻物は平安時代後期の作で中興の祖命蓮の物語を描いています。空を飛ぶ童子や倉などが躍動感あふれる筆致で

DATA
宗旨／信貴山真言宗
山号／信貴山
住所／生駒郡平群町信貴山2280-1
交通／信貴山門バス停より8分、
または信貴大橋バス停下車すぐ
拝観／9時～17時
拝観料／境内無料
MAP:P.73 A-2
www.sigisan.or.jp

本堂で頂ける御朱印は7種類。その他、成福院、千手院、玉蔵院でも御朱印が頂ける

信貴山の宝物の数々が展示されている霊宝館。一般拝観料は大人300円。小人200円（特別展は別途料金）

描かれ、ストーリーもおもしろく、絵巻物として最高傑作とされる作品です。

さて、朝護孫子寺は必勝の秘法を授けた毘沙門天を祀り、寅とも関係が深いことから、阪神タイガースの関係者やファンが必勝祈願に来るお寺でもあります。阪神タイガース必勝祈願の御祈祷札もあるほどです。

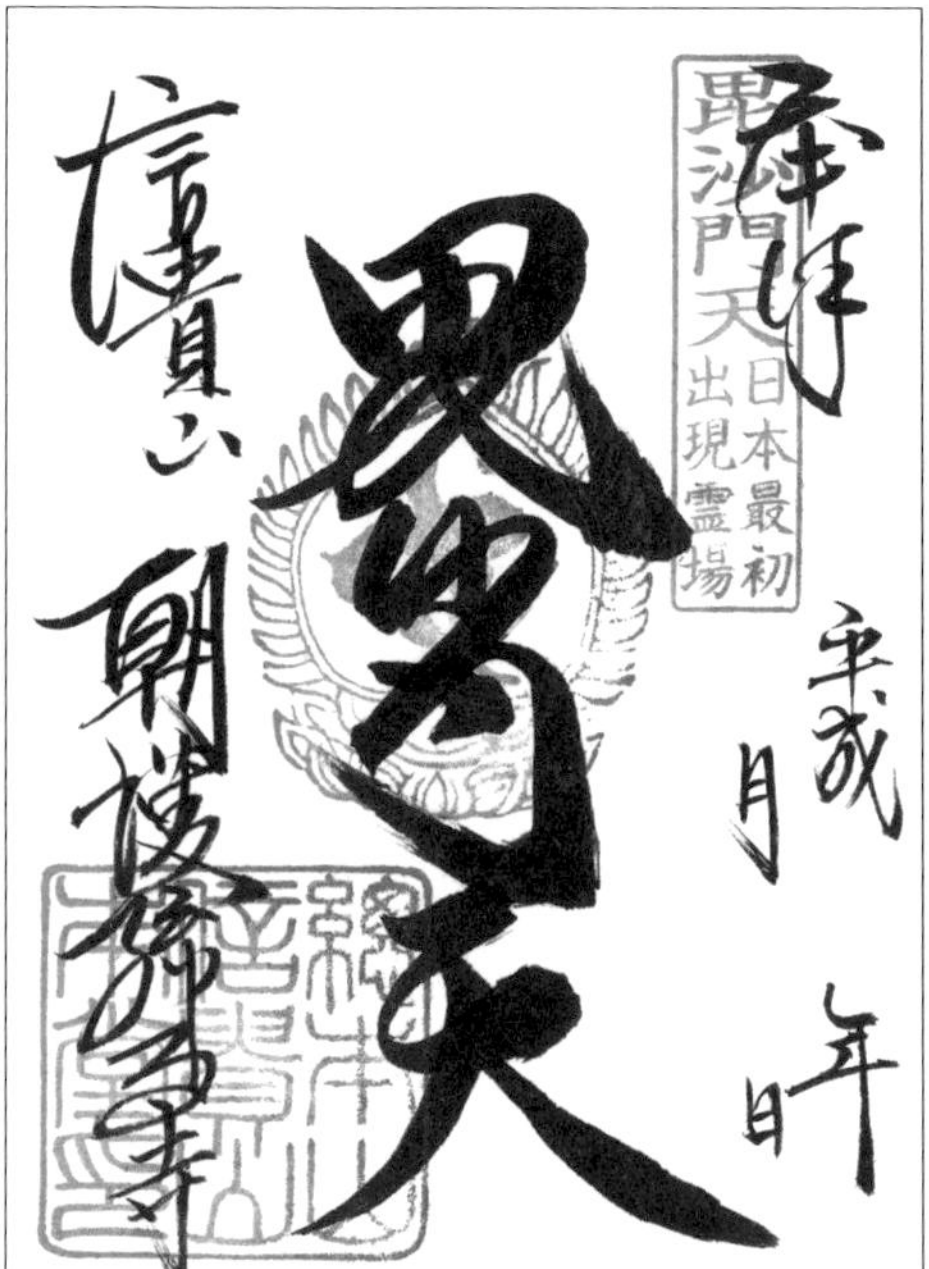

①毘沙門天日本最初出現霊場奉拝　②毘沙門天
③梵字ベイの毘沙門天を表す印　④信貴山朝護孫子寺
⑤総本山信貴山本堂印

①奉拝
②空鉢護法
③信貴城跡 大和国信貴山空鉢堂の印
④信貴山空鉢堂
⑤信貴山空鉢堂

①第四十六番奉拝
②弘法大師
③梵字ユの弥勒菩薩を表す印
④信貴山開山堂
⑤信貴山開山堂

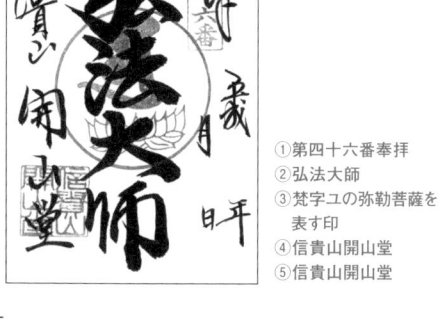

巡礼ひと休み

奈良市内・生駒・葛城周辺

奈良の墨づくりは1300年の歴史があるといわれます。奈良市内には墨専門店が何軒かあります。店内には練習用の廉価な墨から1万円以上もする高価な物まで様々な墨が並んでいます。法隆寺では門前に食事や買い物ができる店があります。中宮寺には受付脇に売店があり、オリジナルのおみやげが充実しています。當麻寺を訪ねたら、名物「中将餅」を忘れずに。参道に人気の店があります。

錦光園

店内の待合処

奈良製墨造りの基礎を作った古梅園で工場長を任されていた三代目が独立し創設した錦光園。現在は六代目の長野墨延氏が、昔ながらの製法のまま一つひとつ手作りで良質の奈良墨を提供している。また 、手を汚さず簡単にオリジナルの奈良墨がつくれる「にぎり墨体験」があり、一個1650円（桐箱代込・要予約）で受け付けている。

店内で購入できる奈良墨。色味や用途によって選ぼう

依水園

奈良県庁のすぐ東にある名勝指定の庭園・依水園。入口右側の前園と、左側の後園（写真）があり、それぞれが異なった景観を見せる大庭園となっている。中村家所蔵の美術品を展示するための寧楽美術館があり、一般公開されている。入場料大人1200円（美術館入館料込）

中将堂本舗の中将餅

近鉄当麻寺駅下車すぐの中将堂本舗。よもぎの香りと甘味を抑えた独特のあんが自慢の中将餅が名物。ひと口大にし、ぼたんの花びらを型どった中将餅はお餅からあんまで、一つひとつ手作業でていねいに作りあげられており、あっさりしたなかにも「こく」がある。8個入りで800円

松本屋オリジナルの柿の香料入りの石鹸400円

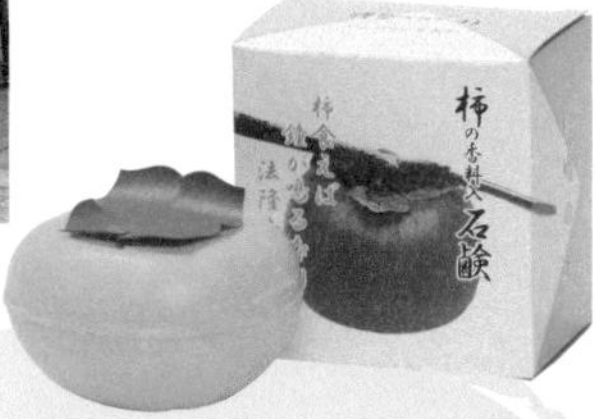

松本屋

法隆寺門前に店を構える大和路最大級の食堂。本館の修学旅行生などの団体客向けの大食堂とおみやげコーナー以外にも、別館に一般客向けの食堂や喫茶コーナーがある。おみやげコーナーでは奈良特産の柿にちなんだ商品や、斑鳩の顔である聖徳太子モチーフのグッズなどが数多く販売されている。

中宮寺の売店

受付脇にある売店。国宝の本尊菩薩半跏像にちなんだグッズ(授与品)も豊富に揃えられている。

菩薩半跏像のチケットファイルや山吹干菓子も人気

中央奈良 エリアマップ

天理　桜井　明日香

飛鳥寺

岡寺

橘寺

長谷寺

法起院

長岳寺

明日香村の古寺や史跡めぐりには村営の「かめバス」が利用できます。レンタサイクルは近鉄飛鳥駅前や近鉄橿原神宮前駅にあります。橿原神宮前駅からは飛鳥駅経由の岡寺行きバスが発着。石舞台古墳周辺には多目的トイレ、レンタサイクル、レストハウスなどがあり、明日香観光の中心的存在になっています。

長岳寺は、ハイキングコースが整備された古道「山の辺の道」に面した場所にあり、参拝の前後には周辺散策もおすすめです。

長谷寺とそのすぐ近くに位置する法起院は近鉄長谷寺駅から徒歩です。同じ路線沿いに室生口大野駅があり、室生観光とあわせて訪ねるコースが一般的です。

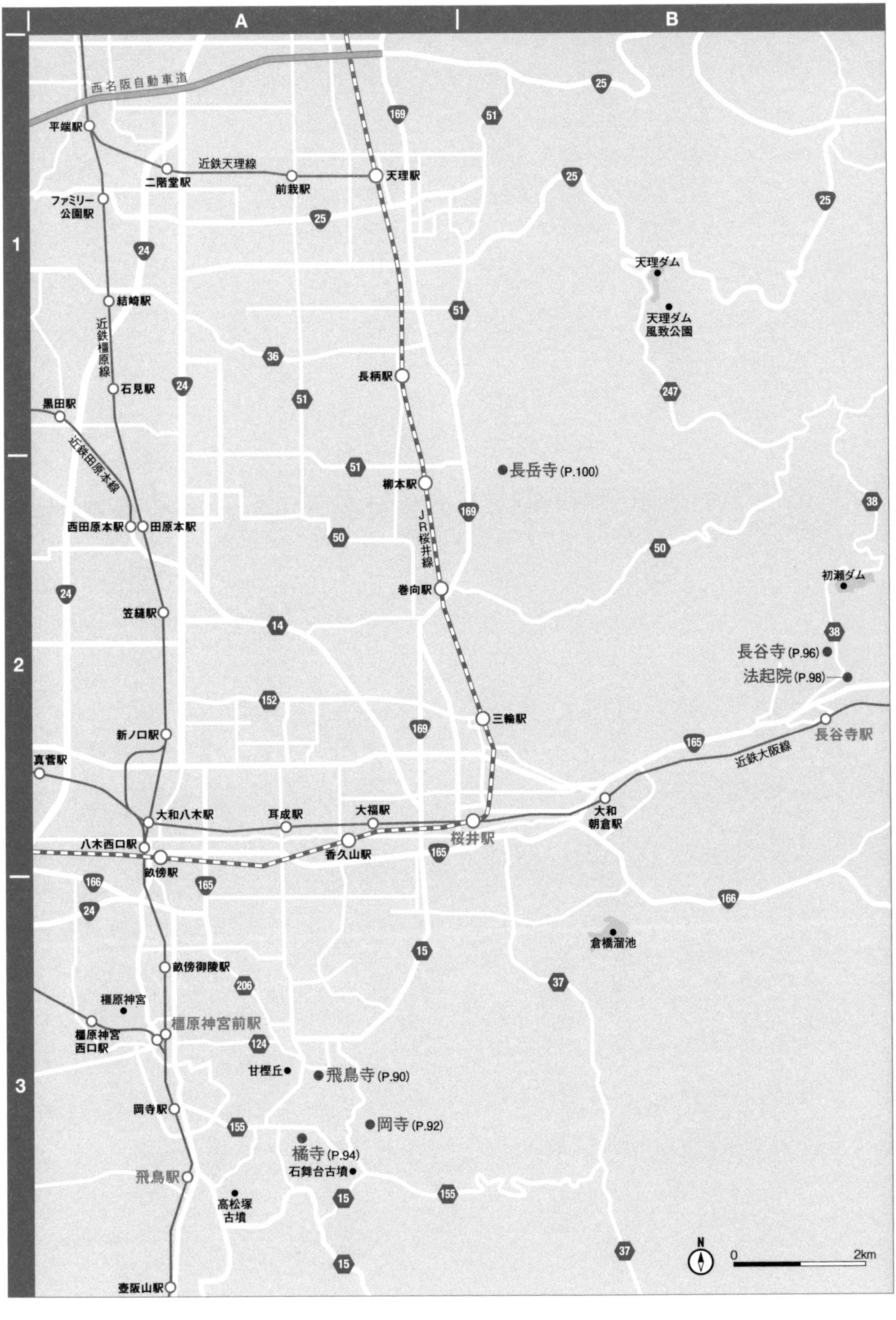

A
B
1
2
3
西名阪自動車道
平端駅
近鉄天理線
二階堂駅
前栽駅
天理駅
ファミリー公園駅
結崎駅
近鉄橿原線
石見駅
黒田駅
近鉄田原本線
西田原本駅
田原本駅
笠縫駅
新ノ口駅
真菅駅
大和八木駅
耳成駅
大福駅
八木西口駅
畝傍駅
香久山駅
桜井駅
大和朝倉駅
近鉄大阪線
長谷寺駅
長柄駅
柳本駅
JR桜井線
巻向駅
三輪駅
天理ダム
天理ダム風致公園
長岳寺(P.100)
初瀬ダム
長谷寺(P.96)
法起院(P.98)
倉橋溜池
畝傍御陵駅
橿原神宮
橿原神宮前駅
橿原神宮西口駅
甘樫丘
飛鳥寺(P.90)
岡寺駅
岡寺(P.92)
橘寺(P.94)
石舞台古墳
飛鳥駅
高松塚古墳
壺阪山駅
N
0
2km

明日香

飛鳥寺【あすかでら】

わが国最古のお寺で古代をしのぶ

山門の前に建つ「飛鳥大仏」の石柱は1792（寛政2）年のもの。飛鳥寺は法興寺、元興寺とも呼ばれ、現在は安居院という

飛鳥寺は日本で最初に建てられた本格的な仏教寺院とされ、本尊の飛鳥大仏（銅像釈迦如来坐像）もまた、日本最古の仏像といわれます。

『日本書紀』によると、崇峻天皇元（588）年、蘇我馬子が樹葉（このは）という人の家を壊すことから創建が始まり、同5（592）年には「仏堂と歩廊」の工事にかかったとあります。

仏塔の中心となる柱の礎石に仏舎利が納められ、次に柱が建てられ、ついに推古天皇4（596）年冬にはすべての工事が終わったのです。

本尊の飛鳥大仏は、推古天皇17（609）年に仏師鞍作鳥（くらつくりのとり）によって造られました。

飛鳥大仏は高さ約3m、銅15t、黄金約30kgが使用されたといいますから、まばゆいばかりに輝く荘厳な姿だったのでしょう。

また、『日本書紀』には、創建から半世紀が経った皇極天皇3（644）年、境内で開かれた蹴鞠の会で中大兄と藤原鎌足が出会ったと記述されています。このふたりの出会いが翌年の乙巳の変（大化の改新）へとつながったというのです。

現在はさほど広くない境内ですが、1956（昭和31）年の発掘調査によると、東西約200m、南北約300mの寺域に、仏塔、3つの金堂、講堂が立つ大寺院だったことがわかりました。同時に飛鳥大仏が安置されていた場所が現在も1400年前も同じであることも判明しました。

「大仏様は飛鳥時代から現代まで、この場を動かず、さまざまなできごとを見つめ、人々の祈りを受け止めてきたということですね。ですから、仏様の前で静かに手を合わせれば、飛鳥人の思いがきっと伝わると思います」と住職は話してくれました。

お寺の近くには乙巳の変で刺殺された蘇我入鹿の首塚があります。首塚からは蘇我氏の邸宅があった甘樫丘も見えます。

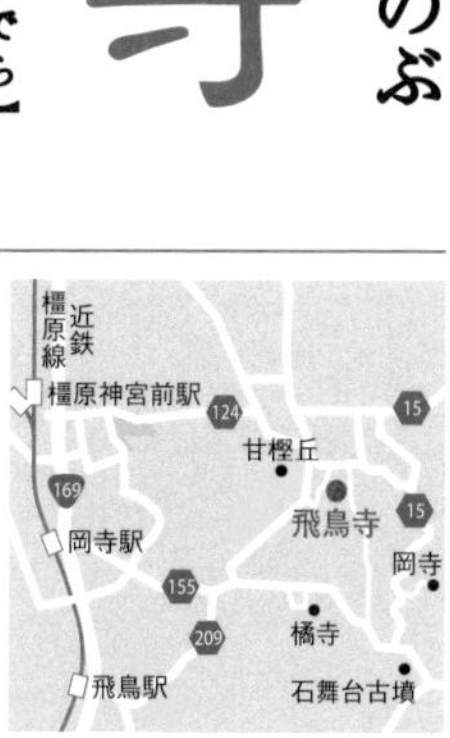

DATA
宗旨／真言宗
山号／鳥形山
住所／高市郡明日香村飛鳥682
交通／明日香周遊バス（愛称：かめバス）飛鳥大仏下車
拝観／9時～17時15分（1～3月は16時45分）
拝観料／350円
MAP:P.89 A-3

本堂裏側には飛鳥寺形石灯籠や石塔などが配されている

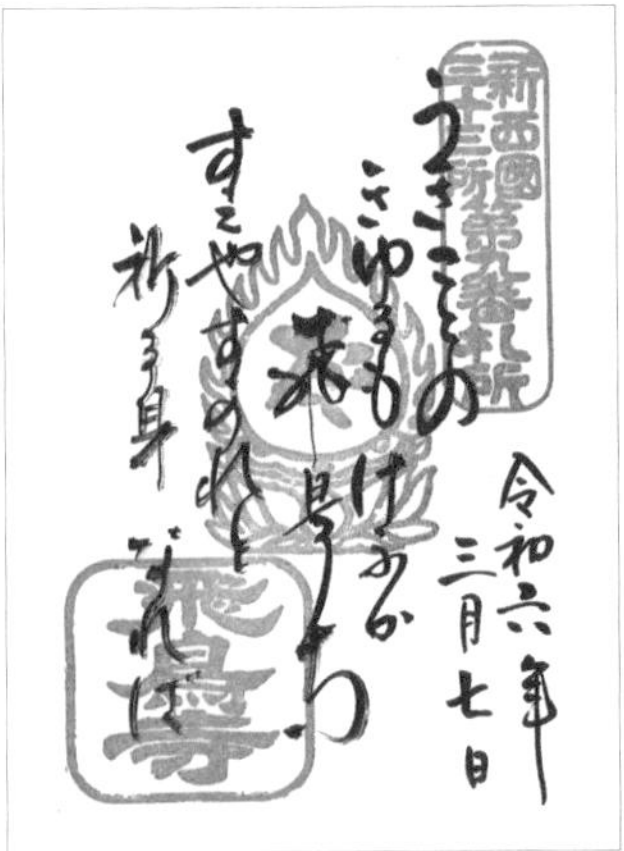

①新西国第九番奉拝　②うきことの 消ゆるもけふか 飛鳥寺　末やすかれと 祈る身なれば／飛鳥寺の御詠歌　③梵字バクの釈迦如来を表す印　④飛鳥寺

①聖徳太子御遺跡第十一番奉拝　②止利佛師丈六釈迦　③飛鳥大仏の右手の印　④飛鳥寺　⑤飛鳥寺

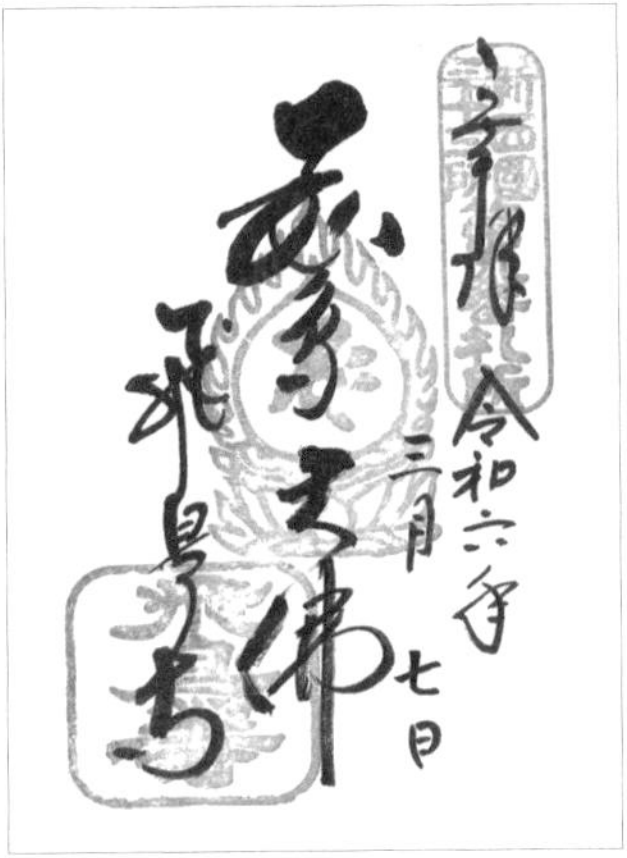

①新西国第九番奉拝　②飛鳥大仏　③梵字バクの釈迦如来を表す印　④飛鳥寺　⑤飛鳥寺

本堂は江戸時代末期の再建。飛鳥大仏が安置されているが、仏像は平安・鎌倉時代の大火災に遭い、何度か補修された痕が残る。考古資料を展示する資料室を併設

龍が潜む霊場で迫力の観音様に会う

岡寺【おかでら】

重要文化財の仁王門は慶長17(1612)年の再建。朱色が鮮やか。春にはシャクナゲ、秋には紅葉の名所になる

　うっそうとした樹木に囲まれて岡寺は立っています。お寺が位置するのは明日香村の東、岡山の中腹です。正式な名称は龍蓋寺（りゅうがいじ）ですが、岡山にあるので「岡寺」と呼ばれてきました。お寺は高所に立つため、バス停からは、ひたすら坂道を登ります。

　急勾配の坂を登りきると仁王門に到着です。門の前には「西国七番霊場岡寺」と彫られた石柱があります。ここから望む境内は緑深く、霊場というにふさわしい雰囲気が感じられます。仁王門から本堂へは石段を上がります。

　岡寺の創建は約1300年前と伝わりますが、残念

日本最大の塑像、本尊如意輪観音坐像。奈良時代末期のものとされる。当初は彩色されていたが、色は剥落。唇にわずかな朱色が残る

DATA
宗旨／真言宗
山号／東光山
住所／高市郡明日香村岡806
交通／奈良交通バス岡寺前バス停より徒歩10分
拝観／8時30分～17時（12～2月は16時30分）
拝観料／400円
MAP:P.89 A-3
www.okadera3307.com

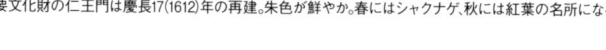

本堂。江戸後期の再建で入母屋造。御朱印所がある。初午の厄除け護摩供養などはこの本堂で行われる。本堂の前にある龍蓋池には龍が封じ込められているとか

ながら、創建当時の建造物はありません。本堂は文化2（1805）年の建立。どっしりとした瓦屋根の本堂です。堂内は天井が高く、安置されているのは本尊如意輪観音坐像。多くの人は、まず、その大きさに驚くはずです。

高さ4・85m。日本最大の塑像なのです。寺伝では弘法大師がインド、中国の土を持ち帰り、日本の土に混入して造ったとします。そんな伝承と鷹揚な姿からか、シルクロードの要衝・敦煌郊外にある莫高窟の塑像にどこか似ているような気がしました。

本堂の前に小さな池があります。龍蓋池です。開祖義淵僧正が、この地の農民を苦しめる龍を法力で封じ込めた池とされています。巨大な龍が、こんな小さな池の水底で1300年間、身を縮め、じっと畏まっているのですから、どうやら、このお寺には、すごいパワーがあるようです。

また、岡寺は厄除け霊場として、鎌倉時代初期にはすでに有名だったらしく、日本で最も古い厄除け霊場であるともいわれてます。現在は毎年、2月と3月の午の日には開運厄除護摩供大般若法要が行われています。

①西国第七番奉拝　②厄除大悲殿　③梵字キリークの如意輪観音を表す印　④岡寺　⑤龍蓋寺の印

明日香

田園のなかに建つ聖徳太子ゆかりの寺

橘寺【たちばなでら】

寺の周辺はのどかな田園風景が広がる

段々畑の向こう側、横一列に堂宇が並び、まるで豪壮なお屋敷のように見える寺院が橘寺です。晴れた日には陽光に光る白い築地塀がとても印象的な風景になります。秋には田の畦に真っ赤な彼岸花が咲き揃い、白い塀と鮮やかなコントラストを見せてくれます。

田園の道を歩き、少し上れば西門から境内に入れます。夏から初秋には淡い色彩の酔芙蓉がそこかしこに花開かせる明るい境内です。

寺伝によると、この地は聖徳太子誕生（572年）の地とされ、太子の祖父にあたる欽明天皇の離宮橘の宮があった場所でした。推古天皇14（606）

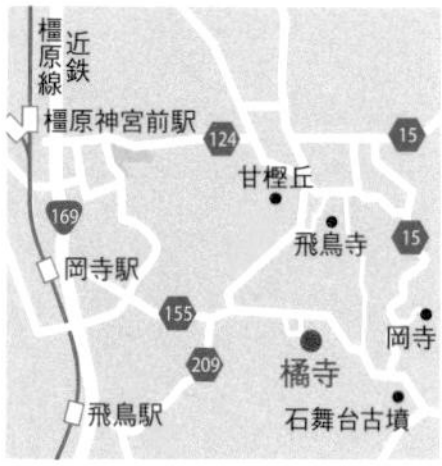

DATA
宗旨／天台宗
山号／仏頭山
住所／高市郡明日香村橘532
交通／岡橋本バス停より徒歩3分、あるいは岡寺前バス停より徒歩10分
拝観／9時～17時(受付は16時30分まで)
拝観料／400円
MAP:P.89 A-3

年7月、太子がここで推古天皇に勝鬘経の講義を3日間行ったところ、大きな蓮の花が1mも降り積もり、また千もの仏頭が出現するなど不思議なできごとが起こりました。この奇跡に驚いた天皇が寺院の創建を命じたというのです。

寺域は東西870m、南北650mもの広さで金堂、講堂、五重塔など66の堂宇が並んでいたとされます。しかし、火事、落雷、僧兵の焼き討ちなど、さまざまな災害に遭い、創建当時の伽藍はありません。

本堂は江戸末期の元治元（1864）年の再建です。堂内には室町時代に造られたという木造聖徳太子坐像が祀られています。鐘楼の隣には五重塔跡があります。心礎（心柱の礎石）から高さ約38mの五重塔が建っていたと推定されます。

ところで飛鳥といえば、亀石や猿石、酒船石など、いわゆる謎の石造物が有名ですが、境内の一角にも、そのひとつ「二面石」があります。石の左右に善悪ふたつの表情が刻まれた石造物です。標識には「右善面、左悪面」とありますが、さあどうでしょう？ どちらもユーモラスな表情でした。

太子像を安置する本堂は江戸末期の再建。建物の前には太子の愛馬という黒駒の像が立つ

本堂裏手に二面石がある。近世になってから、この場に運ばれてきたらしい

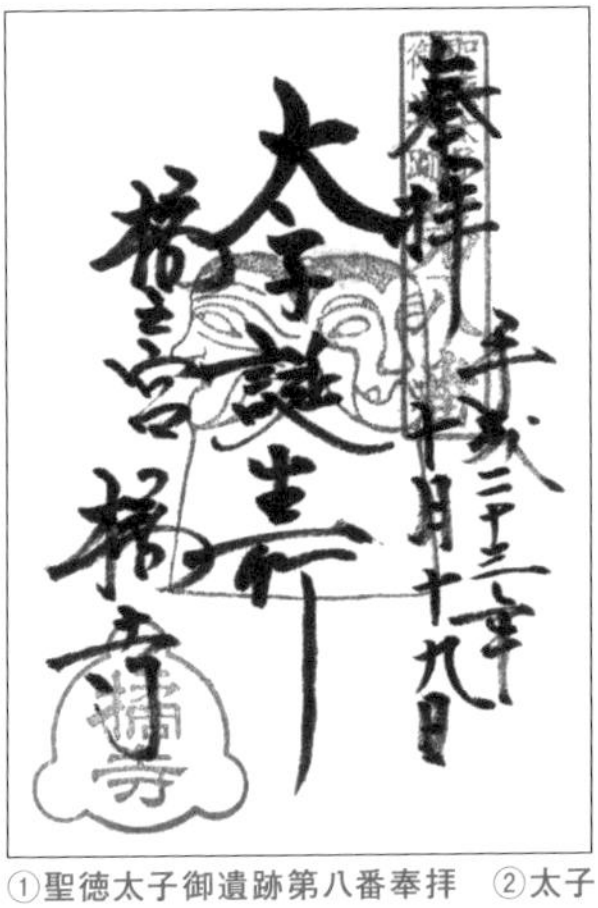
①聖徳太子御遺跡第八番奉拝　②太子誕生所　③二面石の印　④橘之宮橘寺　⑤橘寺

①新西国第十番　②仏いで 花ふるには の ありけるに 遠きくにとは 何おもうらん　③梵字キリークの如意輪観音を表す印　④仏頭山上宮皇院橘寺

①新西国第十番奉拝　②聖徳殿　③梵字キリークの如意輪観音を表す印　④橘寺　⑤仏頭山上宮皇院橘寺

桜井

長谷寺【はせでら】

平安朝から今も人気の花の御寺

四季折々の花木が彩る美しい境内。本堂の舞台から望む絶景も見どころの一つ

花の御寺として一年中参拝客が絶えない長谷寺が大変なにぎわいを見せるのはボタンの咲く頃です。近鉄長谷寺駅から、お寺までは人波が途切れることなく続き、名物の草餅やおみやげを売る店は、売り買いの活気にあふれます。

長谷寺参詣のにぎわいは今に始まったことではありません。平安時代は「初瀬詣」といわれ、藤原摂関家や宮廷に使える女性たちが盛んに参詣に訪れました。紫式部、清少納言、菅原孝標女も訪れています。紀貫之の「人はいさ心も知らず故里は花ぞ昔の香ににほひける」は初瀬詣の折に詠んだ歌です。

長谷寺は真言宗豊山派の総本山で、朱鳥元（686）年、僧道明が天武天皇のために銅板法華説相図（千仏多宝仏塔）を西の岡に安置したのが始まりとされます。

花のほかに長谷寺を有名にしているもの、それは仁王門から本堂へ延びる登廊。上・中・下の三廊に別れた階段状の回廊で399段を数えます。長暦3（1039）年に造られたものですが、現在の登廊は上登廊が慶安3（1650）年の建立、下・中廊は明治15（1882）年の火災により再建されたものです。段差は低くゆっくり登れば息を切らすことはないでしょう。

登廊の両脇にはボタンが艶やかな花を咲かせます。花期は4月下旬から5月上旬まで、150種類以上7000株の花が登廊はじめ境内一帯を飾りま

DATA
宗旨／真言宗豊山派
山号／豊山
住所／桜井市初瀬731-1
交通／長谷寺駅より徒歩15分
拝観／8時30分～17時（10～3月は9時～16時30分）
拝観料／500円
MAP:P.89 B-2
www.hasedera.or.jp

長谷寺は吉野と並び千年来の桜の名所とされている

夏に境内に咲くアジサイ

す。沿線の駅では開花状況を掲示しているところもあります。

唐の国、僖宗皇帝の時代、后の一人であった馬頭夫人がいました。夫人は長く悩みを抱えていましたが、長谷寺の観音様に向かって熱心に祈り続けたところ、観音様のご霊験をあずかりました。歓喜した夫人が長谷寺にお礼として宝物とともにボタンを献木したと伝わります。以来、篤信者からの献木により、数が増え、現在にいたっているとのこと。

本堂には右手に錫杖を持ち、平らな石の上に立つ本尊十一面観世音菩薩がいらっしゃいます。像高約10m。木造としては、わが国最大級の巨大な観音像は天文7（1538）年の造立です。

本堂には懸崖造の舞台があります。お参りをすませたら、舞台からの眺めを楽しみましょう。眼下には木々に埋もれるようにして建つ長谷寺の堂宇が見えます。四季折々にすばらしい景色が見渡せますが、冬の雪景色は墨絵のような景観が目の前に開け、この光景を愛してやまない人も少なくありません。

①西国第八番奉拝　②大悲閣　③梵字キャの十一面観音を表す印　④長谷寺　⑤長谷寺本堂印

法起院【ほうきいん】

徳道上人の御廟所がある古刹

趣ある本瓦葺きの山門と本堂。本堂は天平7(735)年の創建後、元禄8(1695)年に再建されている

法起院は長谷寺の塔頭のひとつ。長谷寺の本尊十一面観世音菩薩を像立した開祖で、西国三十三所の創始者でもある徳道上人が晩年を過ごした寺として知られます。

駅から長谷寺へと続く参道の途中で右手奥に入ると、法起院の小さな山門があります。境内に入ると正面に本堂、その周囲に小ぶりの堂宇が立ち並んでいます。

本堂である開山堂は、長谷寺の本尊に対面するように位置付けられているため、本堂としては珍しく北向きに立てられています。堂内には上人の自作と伝わる、優しく穏やかな表情をした徳道上人像が安置されています。

上人は天平7(735)年、80歳の時に松の木の上で「法起菩薩」と化し、天へ昇ったと伝わることから法起院と号され、この年が寺の創建年とされています。境内には、上人が松の木へ登る際に沓を脱いだとされる「上人沓脱ぎ石」が今も残されており、これに触れると願いごとがかなうと伝わることから、今では参拝客の人気スポットとなっています。

本堂の左手奥には、十三重石塔があります。上人の供養塔として立てられたもので、毎年3月2日には命日回向が行われています。その隣には、「ハガキ」の由来となったという葉書きの木(多羅葉樹)があります。尖ったもので葉の裏に書くと、

DATA
宗旨／真言宗豊山派
山号／豊山
住所／桜井市初瀬776
交通／長谷寺駅から徒歩15分
拝観／8時30分～17時(3月20日～11月30日)、9時～16時30分(12月1日～3月19日)
拝観料／無料
MAP:P.89 B-2
www.houkiin.or.jp

本堂に安置されている上人作の木造徳道上人像

十三重石塔の周囲には西国三十三霊場
各寺院の御砂が納められている

文字が浮かび上がってくるそう。願いごとを書けば御利益を授かるといわれ、納経所の授与所には「はがき祈願」を行うための祈願札や、葉書きの木にちなんだお守りなども販売されています。

境内には弁財天堂や稲荷神社、馬頭観音堂などの堂宇も並び、最奥には健康長寿の御利益がある青面金剛像を祀った庚申堂があります。

法起院では通常印のほか、徳道上人が閻魔様から御宝印を授かる場面が描かれた美しい切り絵御朱印も頂けます。

①日本最古三十三所観音巡礼、養老二年徳道上人開祖　②徳道上人　③聖観音を表す梵字サの印　④法起院　⑤西国番外札所長谷寺法起院

①西国三十三霊場開基徳道上人奉拝　②開山堂　③徳道上人を遺徳する梵字アの印　④法起院　⑤大和国長谷寺開山坊

天理

春はツツジ、秋は地獄極楽を拝見に

長岳寺【ちょうがくじ】

本堂前の浄土式庭園には四季折々の花が咲き誇り、参拝客の心を安らがせる

山の辺の道に面して長岳寺はあります。大門をくぐると楼門までは玉砂利の参道を歩きます。道の両側に続く生垣は平戸ツツジです。人の背丈ほどもある古木で4月から5月上旬の花期にはツツジが香る見事な花の参道になります。

楼門の前に受付があり、御朱印はここで頂きます。楼門は平安時代に建てられたもの。鐘を吊った遺構があることから、お寺では「日本最古の鐘楼門」としています。この門の向こうに本堂や拝堂、大師堂などが並び、放生池が広がります。お寺の境内は広く、約4000㎡もあります。

平戸ツツジは境内に約1000株あるという

DATA
宗旨／真言宗
山号／釜ノ口山
住所／天理市柳本町508
交通／柳本駅より徒歩20分、または上長岡バス停より徒歩10分
拝観／9時～17時
拝観料／350円
MAP:P.89 B-1
www.chogakuji.or.jp

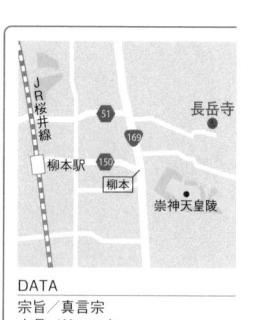

長岳寺は天長元（824）年、淳和天皇の勅願により空海が創建しました。最盛期には諸堂宇が整い、48もの塔頭を数えたといいますが、兵火により焼失。創建当時の建造物は鐘楼門（重文）のみとなり、数多くあった塔頭も旧地蔵院（重文）が残るだけです。旧地蔵院は現在、庫裏として使用され、内部を見学できます。建物は寛永7（1630）年のもので室町時代の書院造の様式が見られます。

本堂も江戸後期の再建です。堂内に安置されている本尊阿弥陀三尊像（重文）は体内に仁平元（1151）年作の墨書銘がありました。両脇侍に観世音菩薩、勢至菩薩を従え、堂々たる姿で参拝者を迎えてくれます。玉眼が使用された仏像としては日本最古とのことです。

本堂前には放生池があります。ツツジの季節が終わる頃、カキツバタが咲き始め、涼しげな青い花々が初夏の水面を飾ります。

長岳寺の文化財のひとつに、全9幅（総幅11m）にわたる大地獄絵があります。毎年10月23日から11月30日に本堂で一般公開され、住職によるコミカルな絵解き説法も人気です。

地獄絵は約400年前、狩野山楽によって描かれたとされます。閻魔大王の裁判を受け、舌を抜かれる者、業火に焼かれる者、火車など、地獄の様子が迫力ある筆致で展開します。長い年月を経ているとはいえ、今も炎の朱色が鮮やかで、熱そう、そして痛そうです。最後の9軸目は極楽往生する人を阿弥陀如来が迎えに来る聖衆来迎図になっていて、ほっと安心できる構成です。

11月中旬には全国紅葉百選にも選ばれている見事な紅葉が境内を彩り、地獄絵拝観と紅葉狩りに訪れた人々でにぎわいます。

楼門には上層に鐘を吊った跡があるために鐘楼門と呼ばれている

5月上旬から中旬にかけて本堂前の池を彩るカキツバタ

①大和十三佛第四番奉拝　②普賢尊　③梵字アンの普賢菩薩を表す印　④長岳寺　⑤大和国長岳寺

①淳和帝勅願寺奉拝　②無量光　③梵字キリークの阿弥陀如来を表す印　④長岳寺　⑤大和国長岳寺

奈良南部

エリアマップ

宇陀　吉野　五條

室生寺
如意輪寺
大野寺
榮山寺

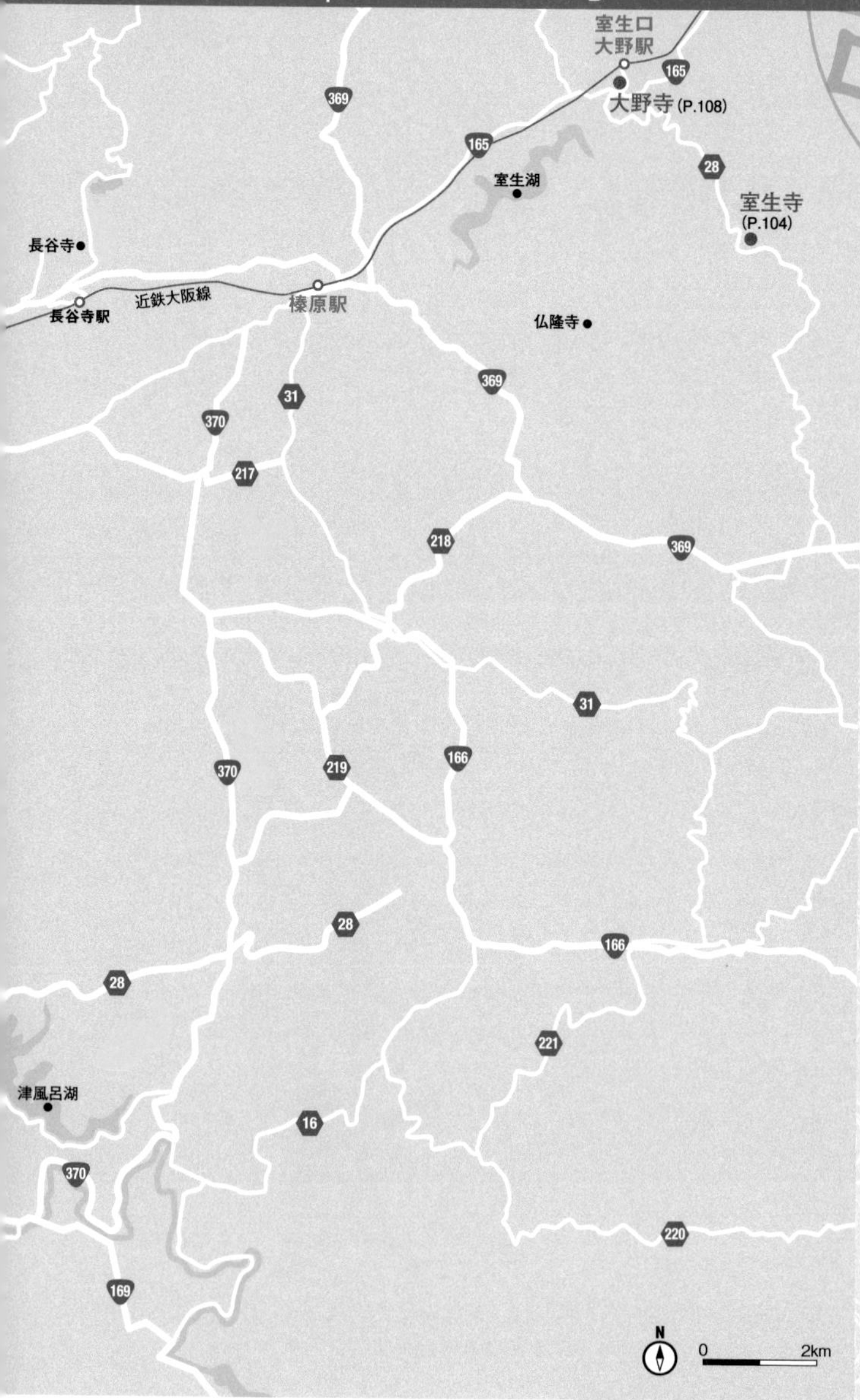

近鉄室生口大野駅から大野寺へは徒歩5分ほど。室生寺へのバスは室生口大野駅から9時〜16時まで1時間に1本が発着（12時台は無し）。室生寺からは室生寺の南門とされる仏隆寺へ抜ける6㎞ほどの室生古道が整備され、ハイカーの姿も多く見られます。仏隆寺からの帰路は近鉄榛原駅へ出ます。

吉野山は近鉄吉野駅が最寄駅です。桜の季節はマイカー規制が実施され、金峯山寺、如意輪寺周辺の道路は歩行者専用となります。

榮山寺へのJR五条駅・近鉄大和八木駅からのバス便は1日3本。近鉄大和高田駅からは1時間に1本と交通は不便です。タクシー利用なら五条駅が近く、5分の距離です。

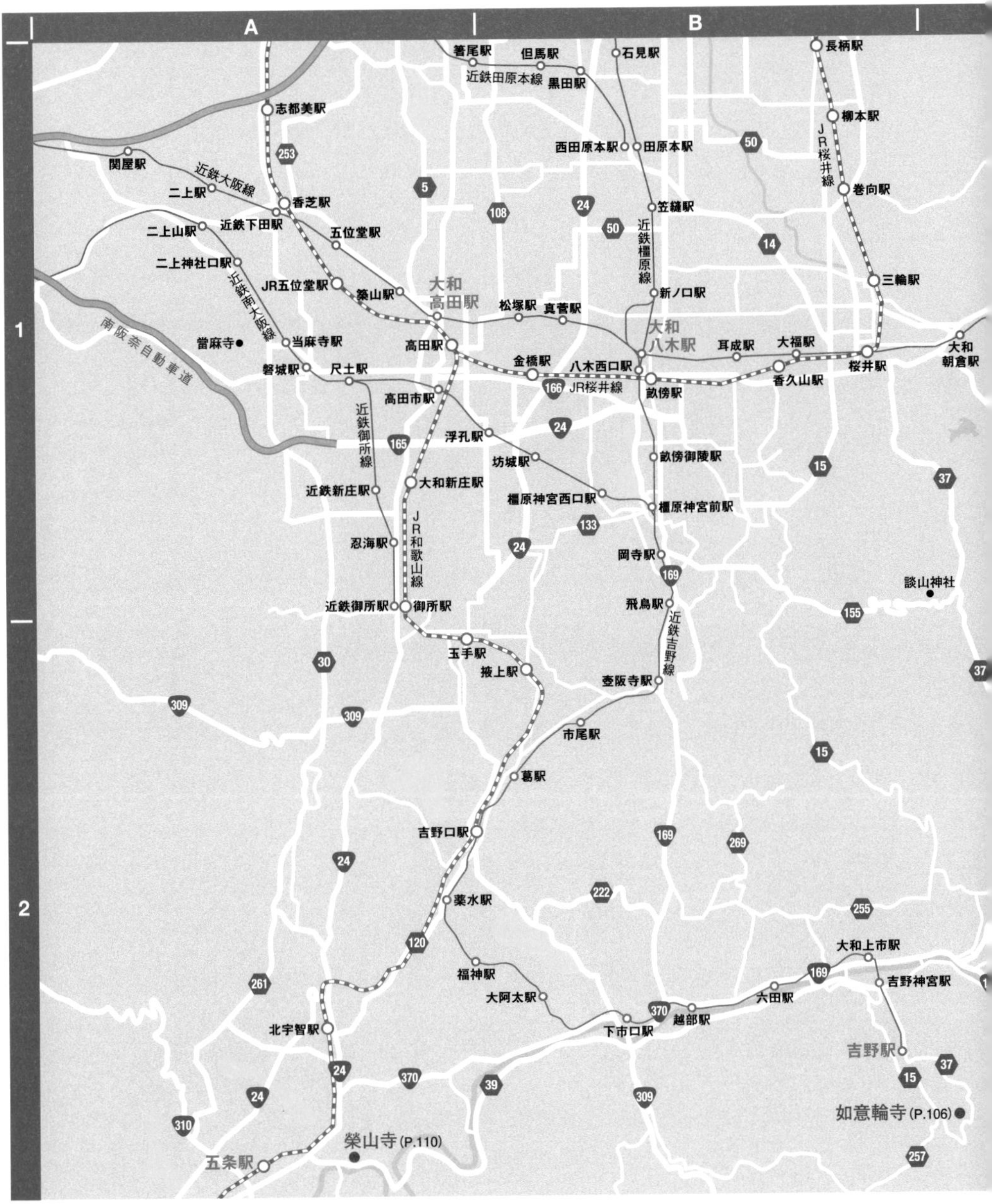

宇陀

五重塔とシャクナゲといえば
室生寺【むろうじ】

五重塔は法隆寺五重塔に次ぐ古塔という。1998年台風による被害を受け、2000年修復が完了した

澄んだ流れの室生川を渡ると簡素な表門があります。その前には「女人高野室生寺」の石柱。これは女人禁制の高野山に対して、同じ真言道場である室生寺が女性の参拝を許したことに由来します。とはいえ、それは江戸時代になってからのことです。

さて、室生寺は奈良時代末期の宝亀年間(770〜80)に創建されたと伝わります。後に桓武天皇となる山部(やまべ)親王の病気平癒の祈願をこの地で行ったところ、病気は回復。そこで、堂宇を造営したというのです。

境内に入ると、針葉樹の香がするさわやかで清涼な空気に包まれます。鎧坂という石段を上

DATA
宗派／室生寺派
山号／宀一山(べんいちさん)
住所／宇陀市室生78
交通／室生寺前バス亭より徒歩5分
拝観／8時30分〜17時(季節により変更あり)
拝観料／600円
MAP:P.102 D-1
www.murouji.or.jp

ると金堂です。堂内に入ると釈迦如来立像を中心に向かって右に薬師如来立像、左に文殊菩薩立像が並び、その前には十二神将像が六体立っています。釈迦如来立像は像高約2m35㎝の迫力ある一木造で、光背には七仏坐像や宝相華・唐草文が華やかに描かれています。

金堂の左端に立つのが本堂（灌頂堂）。堂内中央には、日本三如意輪のひとつに数えられる如意輪観音像が安置されています。

室生寺といえば五重塔とシャクナゲが有名です。その五重塔は初めて目にすると案外、小さな塔であることに驚くかもしれません。総高約16m、屋外に立つ塔ではわが国最小の五重塔なのです。周囲にシャクナゲが移植され、4月中旬頃にはポスターや絵葉書などでおなじみの風景が見られます。

さて、ここから奥の院を目指しましょう。境内に入ってすぐの仁王門から奥の院まで続く石段は約700段。かなり急な勾配を上ります。奥の院には引法大師を祀る御影堂があります。鎌倉時代の建立とされ、御影堂としては日本最古級とか。板葺き二段屋根の宝形造で、国の重要文化財に指定されています。

奥の院にも御朱印所があるので、石段に躊躇せずにぜひ行ってみてください。心あたたまるひとときが過ごせるはずです。

金堂は単層寄棟造の柿葺で、平安初期の建物

朱色が鮮やかな太鼓橋を渡ると表門。石柱の寺号の上に繋ぎ九つ目が刻まれている。これは五代将軍綱吉の生母桂昌院の実家・本庄家の家紋

①真言三道場之随一三國無雙精進峯奉拝 ②如意輪観世音 ③如意輪観世音を表す梵字キリークの印 ④女人高野大本山室生寺 ⑤室生寺印

①真言三道場之随一三國無雙精進峯奉拝 ②十一面観世音 ③十一面観世音を表す梵字キャの印 ④女人高野大本山室生寺 ⑤室生寺印

①能願諸願如意宝珠奉拝 ②弘法大師 ③梵字ユの弥勒菩薩を表す印 ④女人高野大本山室生寺奥之院 ⑤室生寺奥之院

吉野

如意輪寺【にょいりんじ】

桜の吉野山、中千本に位置する

本堂には如意輪観音が祀られている。特別御開帳は11月16日～18日。

4月、吉野山に桜の季節が訪れます。吉野山は標高455m、麓の下千本から頂上付近の上千本、奥千本まで、約1ヵ月にわたり、日にちを追って満開を迎えます。

お花見の季節、如意輪寺を訪れるなら、近鉄吉野駅からロープウエイで山上駅まで行き、そこから、お寺までハイキングを楽しみましょう。ところで、このロープウエイですが、昭和4（1929）年に運行を開始した、日本最古のロープウエイとのことです。

山上駅から如意輪寺まではまさに桜のなかを歩くことになります。お花見しながら、ゆっくり歩いて1時間ほどです。乗り物を利用するなら、山上駅からバスがあります（桜の季節は近鉄吉野駅から臨時バスを利用）。

如意輪寺は吉野山の中千本と呼ばれる場所に位置します。

創建は延喜年間（901～23）と伝わり、皇室がふたつに分かれた南北朝時代には後醍醐天皇が吉野に行宮を定め、南朝（吉野朝廷）を開きました。このとき、如意輪寺は天皇の勅願所となりました。後醍醐天皇は、京へは戻れず、この地で崩御したため、お寺の裏山に

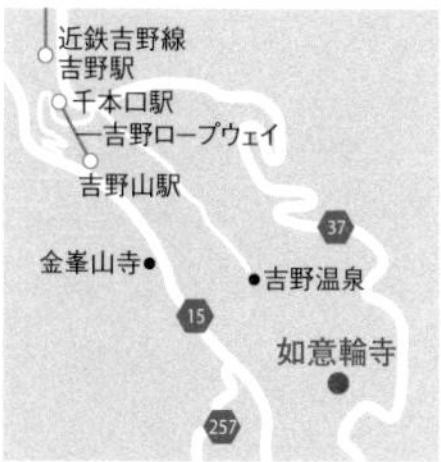

DATA
宗旨／浄土宗
山号／塔尾山
住所／吉野郡吉野町吉野山1024
交通／如意輪寺口バス停より徒歩20分
拝観／9時～16時（4月観桜期7～17時）
拝観料／500円
MAP:P.103 C-2
www.nyoirinji.com

辞世の歌を残したとされる楠木正行。23歳で討死と伝わる

天皇陵があります。

時代が下り、正平2(1346)年には楠木正成の長男正行(まさつら)が、対立する北朝側との決戦に赴く前に参拝、髻を切り、奉納し、辞世の歌を本堂の扉に鏃で書き残したといいます。

その扉は宝物館に展示され、今も鏃で彫ったという字を読むことができます。他に館内には鎌倉時代の金剛蔵王権現木像や吉野大曼荼羅なども展示されています。

本堂は慶安3(1650)年再興で本尊如意輪観世音菩薩が祀られていますが、ご開帳は11月16日から18日の3日間に行われます。本堂に向かって右側にあるのは不動堂です。祀られているのは石の不動尊「難切不動尊」。とても大きいと思ったら石像の不動尊としては日本最大級だそうです。

不動堂から、さらに境内を歩くと多宝塔です。桜の季節には「きれい!」という歓声が聞こえてくるはずです。塔の前に咲くシダレ桜がそれはそれは見事だからです。その古木は樹齢150年と聞きました。

春が過ぎ、新緑や紅葉、冬枯れの季節になると境内には静かな時間が流れます。

重文指定の蔵王権現木像は、運慶の高弟であった源慶の作

①吉野朝勅願寺奉拝　②如意輪観音　③如意輪寺の寺紋の印と如意輪寺の印　④如意輪寺

多宝塔はシダレ桜の名所

大野寺【おおのじ】

樹齢300年のシダレ桜が圧巻

山門。シダレサクラの開花期に訪れるとその美しさに圧倒される。鐘楼左に見えるのが小糸シダレ桜

大野寺の御朱印を見てください。「大石佛」と書かれています。「大石佛」とは磨崖仏のことです。

宇陀川沿いに建つ大野寺は磨崖仏とシダレ桜で知られるお寺です。その創建は古く、白鳳9（681）年、役小角によって開かれたと伝わります。

室生寺が創建されると、西の大門として、室生寺の堂宇のひとつとされました。天長元（824）年には空海がお堂を建て「慈尊院弥勒寺」と名付けたといいます。

長い歴史があるお寺なのですが、明治33（1900）年、火災で建物が焼失し、本堂など、すべて火災以降の建物になってしまいました。

磨崖仏は対岸の大岩に彫られていますが、興福寺の僧雅縁の発願により、承元元（1207）年に造立を開始。3年がかりで完成させ、後鳥羽上皇臨席のもと、開眼供養を行ったといわれます。

高さ33mほどの岩壁に約14mの楕円形の窪みを掘り、その窪みを水で磨き平らにしたうえに、像高約12mの弥勒如来を線刻で表しています。

境内にはこの磨崖仏を望む遥拝所があります。ここから拝観すると宇陀川の向こうに白っぽい岩が見えます。よく見るとその岩に弥勒如来が彫ってあるのがわずかにわかりま

DATA
宗旨／真言宗
山号／楊柳山
住所／宇陀市室生大野1680
交通／室生口大野駅より徒歩5分
拝観／9時～17時（冬期16時）
入山料／300円（桜の開花期400円）
MAP:P.102 D-1

表現がぴったりです。
本堂には本尊木造弥勒菩薩立像が安置されていますが、秘仏とされ公開されていません。

雄大な磨崖仏の正式名称は「弥勒下生線刻大磨崖仏」

す。光の加減で午前中より、夕方のほうが姿がわかりやすいようです。

お寺の駐車場から宇陀川の河原に下りれば、もう少しはっきりと線刻の弥勒如来を見ることができます。

もうひとつ、大野寺を有名にしているのがシダレ桜です。花期には観光バスがひっきりなしにやってくるほど、このお寺は奈良県内有数の桜の名所となります。確かに満開のころは、さほど広くない境内が桜に埋もれるといっても過言ではないでしょう。

なんといっても見事なのは樹齢300年の小糸シダレ桜です。空高く延びた幹から地面に着くほど枝垂れた枝にびっしりと可憐な花を咲かせ、その姿はまるで幾筋もの滝が流れ落ちているようです。

小糸シダレ桜と紅白の鮮やかなコントラストを見せるのが紅シダレ桜です。こちらは樹齢100年を数え、濃いピンク色のかわいい花が開きます。境内には30本ほど紅シダレ桜があるとか。桜の饗宴といったところでしょうか。春爛漫という

本堂の秘仏・木造弥勒菩薩の他、無実の娘の身代わりになったという伝説が残る木造地蔵菩薩立像もある。

①弘法大師霊場慈尊應現山地奉拝　②大石仏　③如意宝珠を表す印
④大野寺　⑤大野寺印

榮山寺【えいさんじ】

八角円堂と梵鐘の音色に歴史をしのぶ

吉野川に面して榮山寺は建っています。創建は古く、養老3(719)年、藤原不比等の長男藤原武智麻呂が開創しました。戦国時代の兵火で創建当時の堂宇は焼失。しかし、天平年間に建てられた八角円堂が残され、貴重な遺構として国宝に指定されています。

境内は東西に細長く延び、受付を入ると諸堂宇が東に向かって配置されています。

まず最初に鉄筋コンクリートの白いお堂が目に入ります。これが鐘楼堂です。このお堂のなかに国宝の梵鐘が吊り下げられています。銘文から延喜17(917)年の制作と判明しました。では、銘文を見てください。文は菅原道真の撰、小野道風の書と伝わります。京都神護寺、平等院とあわせて「平安三絶の鐘」といわれるそうですが、なるほどスリムで均整のとれた姿のよい鐘です。平安の頃も、現在も変わらぬ音色なのでしょうか。

境内を東に歩くと奈良時代の建立という石塔婆、大日堂があり、その向こうに本堂があります。本堂の前には「史蹟榮山寺行宮跡」の石柱が立っています。ここは南北朝時代には南朝の後村上天皇、長慶天皇、後亀山天皇の行在所だったからです。

本堂は天文21(1553)年の再建です。堂内に納められているのは本尊薬師如来坐像、そして薬師如来を守護する木造十二神将像です。薬師如来は立像ではなく、足を組んで座り、薬

本堂には薬師如来坐像(重要文化財)が祀られている。木造漆箔で永享3(1431)年の寄木造。掌に薬壺を持っている

本尊を守護する木造十二神像(重要文化財)。台座裏の銘によると永享3年から翌年にかけての造立

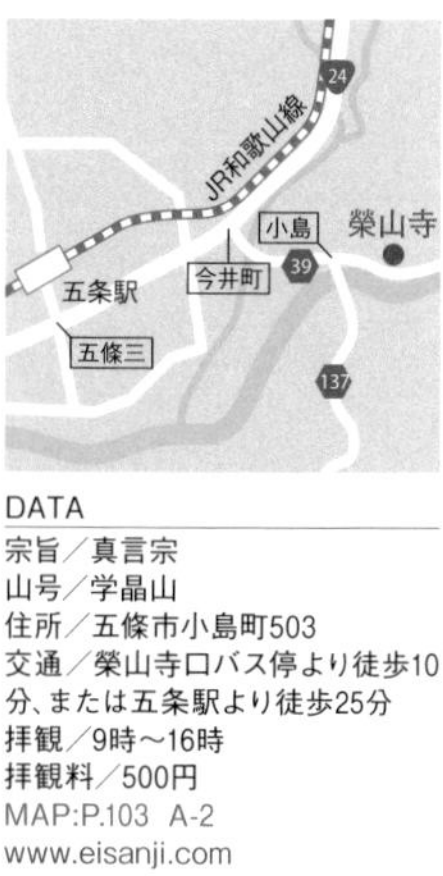

DATA
宗旨／真言宗
山号／学晶山
住所／五條市小島町503
交通／榮山寺口バス停より徒歩10分、または五条駅より徒歩25分
拝観／9時～16時
拝観料／500円
MAP:P.103 A-2
www.eisanji.com

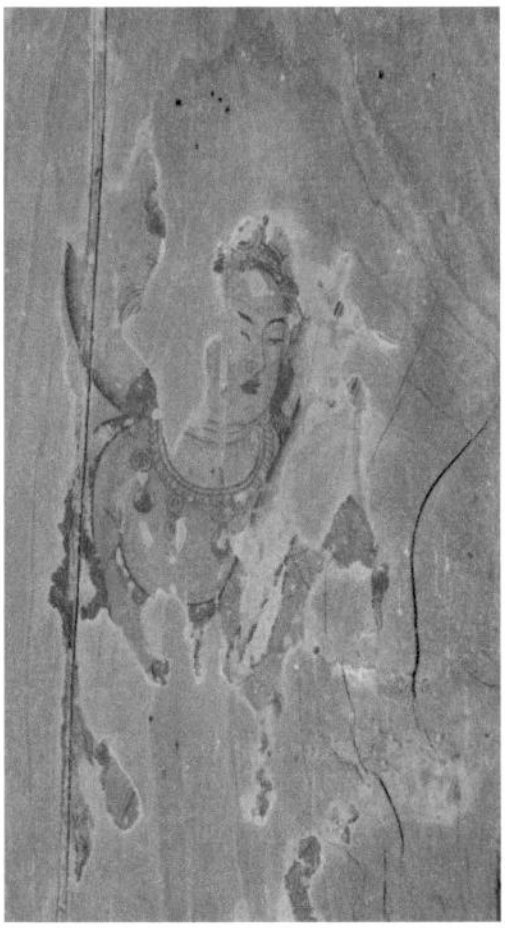

国宝の八角円堂。内陣の天蓋、柱などには装飾画（重要文化財）が施されている。天平時代の様式を代表する仏画だ

壺を持っています。いずれも15世紀の造立ですが、金箔が鮮やかに残っています。造立当初の輝きや神々しさを今も十分に伝えているといえるでしょう。

八角円堂は境内の最奥に建っています。武智麻呂の没後、次男仲麻呂が父母追善供養のために天平年間（757～65）に建立しました。外観は八角ですが、内部を見ると八角柱が4本しかありません。ですから、堂内は四角形です。

そして壁には菩薩像や花鳥などの仏画が描かれています。剥落している部分もありますが、彩色も残り、天平時代には極彩色で描かれていたことがわかります。屋根のうえの宝珠は復元で当初のものは堂内に保存されています。

榮山寺は大勢の参拝客で混雑することはまずありません。ヤマブキが咲く春、新緑の頃、晩秋と、いつ訪れても静かな散策が楽しめる境内です。

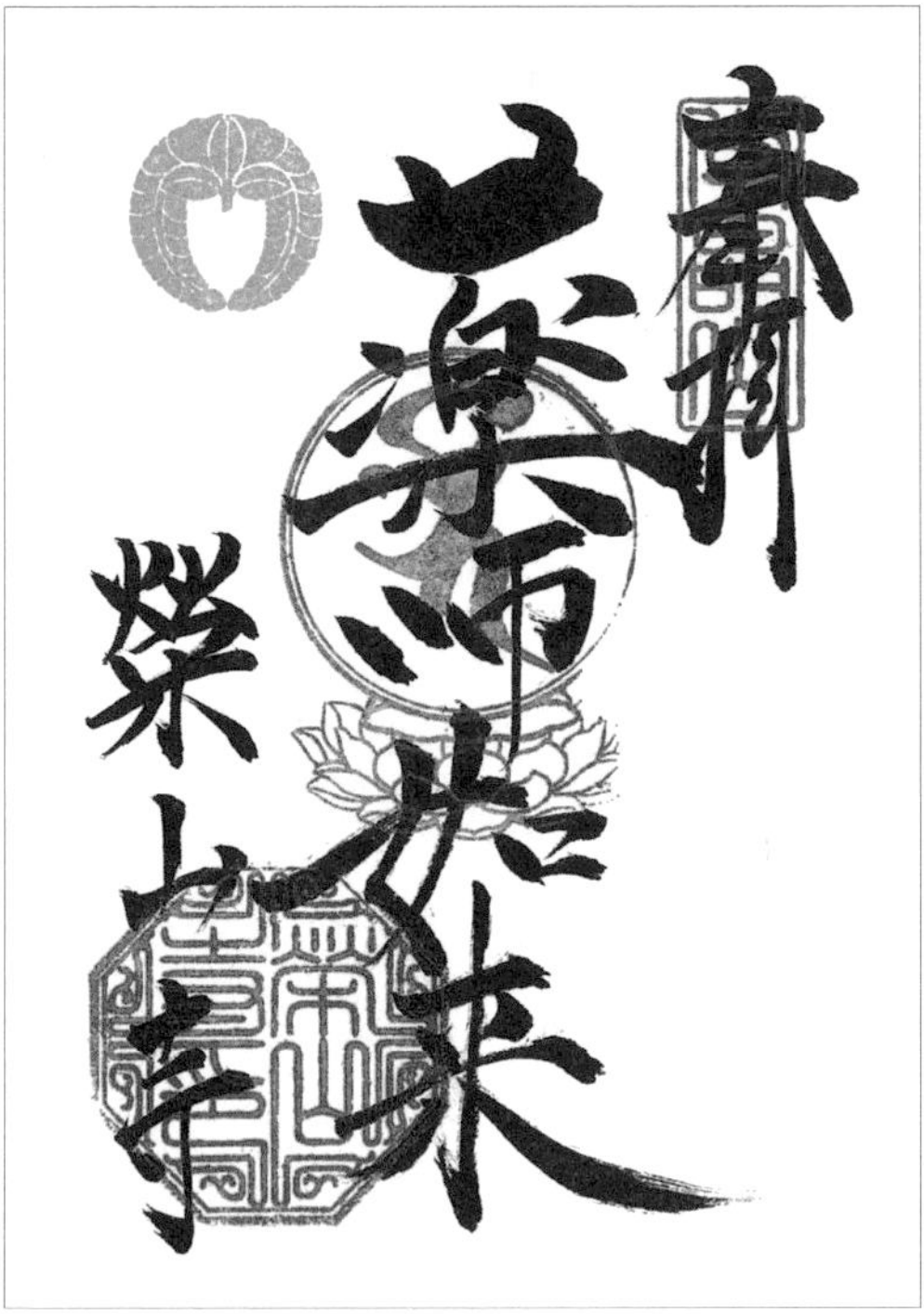

①学晶山奉拝　②薬師如来　③薬師如来を表す梵字バイの印と下がり藤（家紋）の印　④榮山寺　⑤榮山寺印

巡礼ひと休み

天理・桜井・明日香・宇陀・五條周辺

飛鳥寺や岡寺、橘寺の売店にはオリジナルグッズが揃っています。明日香観光でひと休みに最適なのは石舞台古墳周辺。喫茶や食事処が点在しています。

関西圏内に広く店舗を構える彩華ラーメンは、天理が発祥の地です。また、奈良といえば三輪そうめんも有名。夏はそうめん、冬には温かい「にゅうめん」が味わえます。

郷土料理「柿の葉ずし」は吉野で夏のごちそうとしてふるまわれたのが最初という説があります。

室生寺の飲食店は門前に並んでいます。ヨモギ入り回転焼きが名物です。

ランチに黒毛和牛はどうでしょう。牛肉が評判の「福寿館」ではお弁当も販売しています。

飛鳥寺のしょうが湯

しょうが湯に黒糖やカルシウムを入れた滋好飲料。一袋でコーヒーカップ2杯分。300円

岡寺の起き上がり龍守り

岡寺の伝説に出てくる怖い龍が、かわいい起き上がりこぼしのお守りになった。各700円

橘寺　二面石の土鈴

飛鳥時代の石造物に込められた願いに思いを馳せながら、二面石土鈴を鳴らしましょう。700円

旅館永吉のヨモギ入り回転焼

室生寺への参道にある旅館永吉の回転焼。ヨモギを生地に練り込んであり緑色が鮮やか。甘すぎず食べやすい。1個100円

彩華ラーメン・本店

白菜を乗せるスタイルの彩華ラーメン。関西中心に出店しているこのラーメン屋の本店は天理市にある。サイカラーメンは880円。天理訪問記念に是非。11時〜24時

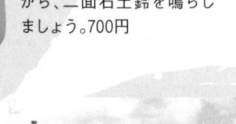

釜揚げにゅうめんは、温かい素麺の基本的な食べ方。1250円

池利三輪素麺茶屋　千寿亭

三輪素麺の老舗「池利」の素麺を味わえるのがこの千寿亭。冷そうめん、にゅうめん、会席風お膳といった三輪そうめん料理を楽しめる。11時～15時まで入店可。金曜日定休（ただし金曜日が祝日の場合前日が休日）※元日休業

素麺に和牛のたたきや季節の小鉢などが付いた「和牛と彩り御膳」2400円。温麺か冷麺を選べる

福寿館

選び抜かれた極上黒毛和牛を、しっとりとした和風造りの店内で味わえる。お弁当も販売している。11時～22時（L.O.21時）
水曜休、橿原市十市町425-1

冷めてもおいしい「ステーキ弁当」1944円。その他のお弁当は1080円～

寿き焼きランチコース
4400円～（2名様より）

ランチメニューの定番「寿き重」2200円

柿の葉ずしヤマト 五條本店「大和鮨 夢宗庵」

五條市にある柿の葉ずしヤマトの本店。併設されている「大和鮨 夢宗庵」では柿の葉ずしだけでなく、お弁当・御膳・会席・鍋など季節の料理をゆったりと味わえる。店頭8時～21時／夢宗庵11時～21時（L.O.20時30分）

柿の葉ずしセット1650円

御朱印 こぼれ話

御朱印一つひとつに
全身全霊で臨む

① 御朱印を書く人

心を込めて書いています

御朱印を書いてくれる皆さんは、すらすらと迷うことなく筆を運ばせます。書き手はご住職、ご住職の奥さん、お寺の職員の人たちです。子供のころからお習字に親しんでいる方も多く、筆遣いのベテランです。それでも、御朱印帳を前にすると緊張するとか。毎日、練習を欠かさず、書き込むほどに字がいきいきしてくるそうです。筆はほとんどお寺が用意しますが、マイ筆を決めている人もいます。

また、御朱印を先に押してから、字を書く人、反対に字を書いてから御朱印の人と書き方はそれぞれ違います。「御朱印は神聖なもの。皆さんの幸せを願って気持ちを込めて書いています」とのこと。書いていただいている間は、私語をつつしみ静かに待っていましょう。御朱印帳ですが、これは仏様のサイン帳と同じ。ですから、決して粗略に扱わないように。

御朱印先押し派の當麻寺の職員さん

探して楽しい、この御朱印所は一体どこ？
境内の一角、本堂脇、売店兼用などなど、御朱印所のある場所はさまざま。

御朱印は御朱印所で頂きます。御朱印所は売店に併設されていたり、本堂、拝観受付にありますが、なかには、ご住職の住居に伺う場合もあります。いずれにせよ、「御朱印所」の掲示が掲げられていますから、迷うことはありません。本来、御朱印は参拝後に頂くものですが、参拝者が多いお寺では受付で御朱印帳を預け、御朱印を書いてもらっている間に参詣や境内散策を済ませ、帰りに御朱印帳を受け取るところもあります。ですから、御朱印帳には自分の名前を書いておいたほうがいいでしょう。また、参拝者が少ないときなどは御朱印の意味を尋ねるとていねいに説明してくださる方もいます。御朱印所では他の売店には置いていないオリジナル御朱印帳を販売していることもあり、キレイな御朱印帳を見つけたら迷わず購入ですね。

② 御朱印所
ここで御朱印が頂けます

■室生寺

表紙には五重塔とシャクナゲ、裏にはシャクナゲ、女人高野室生寺と刺繍されている。紺地でいかにも室生寺らしいデザイン

■興福寺

表紙には藤の花と国宝である五重塔が、裏表紙には向かい合う2頭の鹿の姿が刺繍されている。表紙を開けると、五重塔内南側に安置されている「釈迦三尊像」が描かれている

③御朱印帳コレクション

これ全部お寺で買えちゃいます

御朱印を頂くには御朱印帳を用意しましょう。その御朱印帳は大手文房具店や寺社の売店で販売しています。価格は1000～2500円ほどです。

寺社で販売している御朱印帳のなかには表紙が個性的で刺繍などが施され、とてもきれいなデザインの物があります。ここで紹介しているのは、今回訪ねたお寺のオリジナル御朱印帳です。唐招提寺は千手観音の光背、室生寺はシャクナゲと五重塔というように、そのお寺ならではの意匠が凝らされています。

参詣した寺社の売店や御朱印所で、こんなステキな御朱印帳を見つけたら、その場で購入しておいたほうがよさそうです。そこでしか買えないものが多いからです。また、札所のお寺では霊場めぐり専用の御朱印帳も販売しています。札所めぐりをするなら、是非、手に入れたいもの。

参拝の際にはオリジナル御朱印帳がないか、探してみてください。

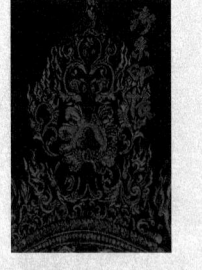

■唐招提寺

表紙と裏に刺繍が施された御朱印帳。刺繍は金堂に安置されている千手観音（国宝）の光背を表す。裏に唐招提寺と寺名がある

■東大寺

シックな色合いの御朱印帳。写真ではわかりにくいが、東大寺の寺紋である菊がエレガントにデザイン化され織り込まれている。このほかに薄黄色もあり

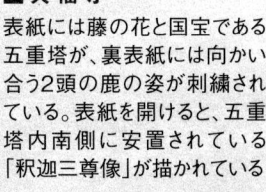

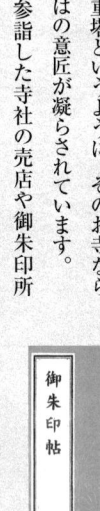

■法隆寺

実にシンプルな御朱印帳。表紙を開けるとそこには十七条憲法で特に有名な一条「一曰、和以為貴、無忤為宗」が書かれている。聖徳太子ゆかりの寺ならでは

読み方	表す仏（一例）	梵字
アン	普賢菩薩	
カーン	不動明王	
キャ	十一面観音	
キリーク	阿弥陀如来 千手観音 如意輪観音	
サ	聖観音	
サク	勢至菩薩	
タラーク	虚空蔵菩薩	
バイ	薬師如来	
バク	釈迦如来	
バン	大日如来	
マン	文殊菩薩	
ユ	弥勒菩薩	

④梵字

あなたはいくつ読めますか？

奈良のお寺の御朱印は、中央部に梵字の印が押されることがしばしばあります。これは奈良には真言宗や真言律宗などの密教系の宗派のお寺が多いためです。密教では、仏を一文字で表す呪文を真言と呼び、真言を梵字で表したものを種子（しゅじ）と呼びます。つまり、御朱印の梵字一つひとつが仏を表すシンボルなのです。キリークのようにひとつの梵字で阿弥陀如来、千手観音、如意輪観音など複数の仏を表していることもあります。種子は御朱印以外には護符や曼荼羅にも、仏の絵姿の代わりに書かれます。

梵字は元々、インドの言葉であるサンスクリット語の音を表すために生み出されたそうです。日本には仏教伝来時に伝わりましたが、難解だったため、文字自体を神聖な文字として崇めるようになったということです。

体験奈良

■座禅

元興寺　奈良市中院町11　☎0742-23-1377
基本毎月第2日曜10時～11時30分　1000円

三松禅寺　奈良市七条1-26-10　☎0742-44-3333
毎週土曜19時～

蓮昇寺　宇陀市榛原区池上254　☎0745-82-1706
毎週金曜19時30分～21時

千手院　生駒郡平群町信貴山2280　☎0475-72-4481
毎月第4土曜　1000円

不動院　山辺郡山添村春日362　☎0743-85-0171
阿字観（真言禅）　要予約　1000円＋ご志納

■写経・写仏

法輪寺　生駒郡斑鳩町三井1570　☎0745-75-2686
毎月第4日曜9時～16時 3000円

橘寺　高市郡明日香村橘532　☎0744-54-2026
10時～16時 1500円

當麻寺　葛城市當麻1263　☎0745-48-2001
中之坊　毎日9時～17時写仏写経体験 各1500円
（中之坊入山参拝料、筆、写仏・写経用紙、記念品付き）

新薬師寺　奈良市高畑町1352　☎0742-22-3736
2000円

円成寺　奈良市忍辱山町1273　☎0742-93-0353
毎月15日／1000円

東大寺　奈良市雑司町406-1　☎0742-22-5511
「華厳唯心偈」（百字心経）「般若心経」の2種類の写経と、華厳五十五所絵巻の如来、華厳五十五所絵巻の善財童子、盧舎那仏蓮弁線刻画雲中化仏の写仏　有料

薬師寺　奈良市西ノ京町457　☎0742-33-6001
毎月8日（薬師縁日）：写経会と管主法話／第3日曜日：写経会と月例まほろば塾（一般参加者有料）写経体験　般若心経/2000円（1巻）
ほか薬師寺お写経道場では毎日写経を受付　有料

■勤行・作務

十輪院　奈良市十輪院町27
☎0742-26-6635
〈境内清掃〉8時～8時30分　無料
〈勤行〉8時30分～9時20分頃　無料
※月曜は閉門

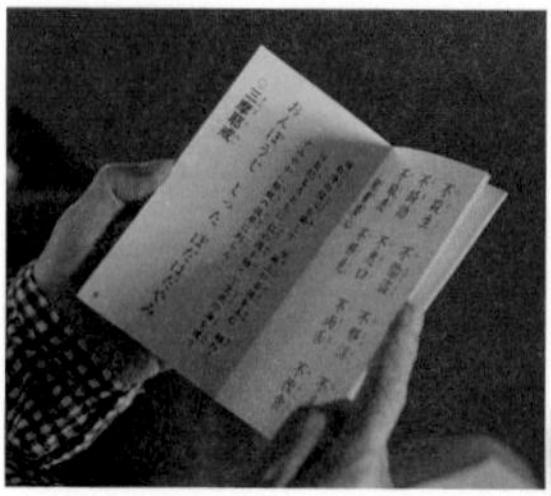

■奈良いろいろ体験

『僧侶・尼僧体験』『阿息観(瞑想)・写経体験』
玉蔵院　生駒郡平群町信貴山2280　☎0745-72-2881
〈僧侶・尼僧体験〉日帰り10000円　宿泊16000円～
〈阿息観(瞑想)・写経体験〉1500円

『御巫(みかんこ:巫女)修行』
春日大社　奈良市春日野町160　春日大社社務所「御巫修行係」
☎0742-22-7788
御巫修行体験初級コース〔1泊2日〕25000円

『にぎり墨製作体験』　錦光園　奈良市三条町547　1650円　見学無料　☎0742-22-3319

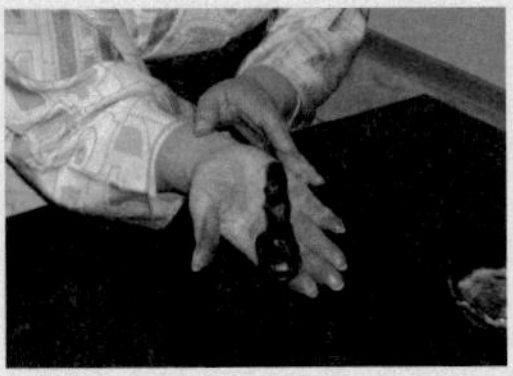

『薬師寺僧侶旅館出張法話(修学旅行生対象／奈良市近郊)』
薬師寺　交通費＋ご志納(要相談)　☎0742-33-6001

『古代ガラス製作体験』　国営飛鳥歴史公園 キトラ古墳周辺地区 体験工房
高市郡明日香村阿部山67　☎0744-54-5105　1000円

『藍染め体験』　箱本館「紺屋」　大和郡山市紺屋町19-1　☎0743-58-5531
1～5名(曜日により異なる)　1100円～

『手漉き和紙体験』　福西和紙本舗　吉野郡吉野町窪垣内218-1　☎0746-36-6513
10名以上　2000円

『茶筌制作体験』　翠華園 谷村彌三郎商店　生駒市高山町5725　☎0743-78-0053
要予約・土日祝休み
茶筌製作工程見学1800円　茶筌製作体験4000円～
茶杓製作体験4400円～

■宿坊

霊山寺	奈良県奈良市中町3879　☎0742-45-0381
	生駒市上町4445　1泊2食付29700円～(税・サービス料込)
長弓寺法華院	☎0743-78-2437　1泊2食8800円～
朝護孫子寺千手院	☎0745-72-4481　生駒郡平群町信貴山2280　1泊2食付14300円～
玉蔵院	☎0745-72-2881　生駒郡平群町信貴山2280　1泊2食付15400円～
飛鳥寺研修会館	高市郡明日香村飛鳥725-1　☎0744-54-3091　1泊2食付7700円

※このほかにもさまざまな体験のできるお寺、施設が多数あります。ホームページなどで探してみましょう。
※この情報は2024年5月現在のものです。必ず事前に確認してください。

イベントカレンダー

古都を彩る四季折々のお祭り
華やかなにぎわいを見せる街並み
そぞろ歩きが楽しい

1月　睦月

1日～15日	初詣	県内各社寺
1日～16日	福財布授与	寳山寺
1日	御神火拝載祭	率川神社
	修正会	唐招提寺・帯解寺
1日～3日	修正会吉祥悔過法要	薬師寺
	修正会	霊山寺
初寅の日	初寅大法要	朝護孫子寺
2日	興福寺貫首社参式	春日大社
3日	神楽始式	春日大社
	修正会（餅談義）	唐招提寺
5日	初戎	率川神社
7日	修正会	東大寺 大仏殿
	大辯才天初福授法会	霊山寺
	御祈祷始式	春日大社
8日	修正会	新薬師寺
	初薬師縁日	薬師寺
10日	節会　大綱掛け行事	長岳寺
第４土曜日	若草山 山焼き	若草山
14日	陀々堂鬼走り	念仏寺
	茅原大とんど	吉祥草寺
15日	大般若転読法要	唐招提寺
16日	新春初釜大茶盛式	西大寺
	えんまもうで	白毫寺
成人の日	舞楽始式	春日大社
18日	初観音	西大寺・岡寺
21日	初大師供養	西大寺
23日	光仁会	大安寺
28日	一願不動尊新春初ごま大祈とう	十輪院

2月　如月

節分の日	各社寺　節分	
	節分万燈籠	春日大社
	節分星祭祈願祭	西大寺
	鬼追い式	法隆寺
	追儺会	興福寺 東金堂
	節分会鬼火の祭典	金峯山寺
	柴燈大護摩供	元興寺
	星供養	薬師寺
	節分星祭	帯解寺
	お田植祭	手向山八幡宮
第１日曜日	おんだ祭	飛鳥坐神社
11日	竹送り	東大寺 二月堂
	砂かけ祭	広瀬神社
初午の日	初午大法要	慈眼寺
13日	星供祈願会	弘仁寺
14日	だだおし	長谷寺
15日	涅槃会	三松寺
	涅槃会	興福寺・唐招提寺
25日	おんだ祭	菅原天満宮

3月　弥生

3月1日～14日	修二会本行（お水取り）	東大寺 二月堂
3月1日～18日	古代ひな人形展	法華寺
初午の日	二の午大法要	慈眼寺
初午の日	初午厄除祈願会	西大寺
5日	三蔵会	興福寺
9日	人形供養法要	正暦寺
13日	春日祭（申祭）	春日大社
15日	御田植祭	春日大社
第３土曜日	山開き	若草山
21日	春季彼岸法会	長岳寺
	春季彼岸法要（大師堂）	寳山寺
22日～24日	お会式	法隆寺
春分の日	筆まつり	菅原天満宮
25日～31日	修二会花会式	薬師寺
31日	鬼追い式	薬師寺

4月　卯月

1日	ちゃんちゃん祭	大和神社
1日～7日	ひな会式	法華寺
3日	神武天皇祭	橿原神宮
5日	水谷神社鎮花祭	春日大社
8日	灌仏会（かんぶつえ）	興福寺
	おたいまつ（修二会）	新薬師寺
	一切経法要	白毫寺
	花会式	飛鳥寺
	仏生会	東大寺 大仏殿
10日	花供千本搗き・女人採灯大護摩供	金峯山寺
11日・12日	花供懺法会	金峯山寺
第２土・日曜	春の大茶盛式	西大寺
13日	十三詣り	弘仁寺
14日	練供養会式	當麻寺
17日	放生会	興福寺
18日	四海安穏祈願法要	海龍王寺
19日	饅頭祭	漢國神社（林神社）
第3日曜	最勝会	薬師寺
21日	弘法大師正御影供	大安寺
	釜の口れんぞ（弘法大師大法会）	長岳寺
	正御影供法要	室生寺
25日	文殊会	興福寺 東金堂・般若寺

5月 皐月

1日	献氷祭	氷室神社
2日	聖武天皇祭	東大寺 大仏殿
4日	すすつけ祭り	人麿神社
5日	菖蒲祭	春日大社
	子供の日萬葉雅楽会	春日大社 萬葉植物園
7日	勤操大徳忌	大安寺
10日	献茶祭	春日大社
第3金・土曜日	薪御能	春日大社・興福寺
15日	珠光忌	称名寺
19日	うちわまき	唐招提寺
28日	業平忌	不退寺

6月 水無月

5日～7日	開山忌（舎利会）	唐招提寺
13日	黄金ちまき会式	弘仁寺
15日	青葉祭（弘法大師誕生法要）	大安寺
17日	三枝祭（ゆりまつり）	率川神社
23日	竹供養	大安寺
30日	神剣渡御祭（でんでん祭）	石上神宮
	名越大祓式	春日大社

7月 文月

3日	毘沙門天王出現大祭	朝護孫子寺
5日	俊乗忌	東大寺 俊乗堂
第1日曜	風鎮大祭	龍田大社
7日	弁才天供	興福寺 三重塔
	蓮華会蛙飛び行事	金峯山寺
17日	蓮華会式	法華寺
中旬	暁天講座	喜光寺
23日	地蔵盆	福智院
23日	地蔵会（着せ替え法要）	伝香寺
	地蔵盆法要	十輪院
23・24日	地蔵会	帯解寺 その他市内各所
28日	解除会	東大寺 大仏殿

8月 葉月

7日	大仏さま　お身拭い	東大寺 大仏殿
5日～14日	なら燈花会	奈良公園
13日～15日	盂蘭盆会	薬師寺
14日・15日	中元万燈籠	春日大社
15日	大文字送り火	高円山
15日	万灯供養会	東大寺 大仏殿
15・16日	吉野川祭り	吉野川
21日	施餓鬼法会	長岳寺
23・24日	地蔵会万灯供養	元興寺
23・24日	地蔵盆	唐招提寺
25日	興正菩薩忌	西大寺
下旬の土・日曜日	バサラ祭り	奈良会場

9月 長月

17日	十七夜盆踊り	東大寺 二月堂
仲秋の名月の日	采女祭	采女神社
仲秋の名月の日	観月讃仏会	唐招提寺
21日	秋季彼岸法会	長岳寺
	秋季彼岸法要(大師堂)	寶山寺
秋分の日	生駒聖天お彼岸万燈会	寶山寺

10月 神無月

1日	例祭	氷室神社
第1土曜日	塔影能	興福寺
3日～5日	光明真言土砂加持大法要	西大寺
中旬の土・日曜日	鹿の角きり	鹿苑
5日	転害会	手向山八幡宮（転害門）
8日	翁舞	奈良豆比古神社
8日	天武忌（万燈会）	薬師寺
体育の日の前日	蛇祭り	倭文神社
第2土・日曜日	秋祭り	水越神社
第2日曜日	秋の大茶盛式	西大寺
12日	題目立	八柱神社
15日	大仏さま秋の祭り	東大寺 大仏殿
16・17日	三角跳	八坂神社
16日以降の最初の日曜日	田楽横とび	丹生神社
17日	大般若経転読会	興福寺 南円堂
21日～23日	釈迦念仏会	唐招提寺
23日～11月30日	大地獄絵開帳	長岳寺
10月下旬～11月上旬	正倉院展	国立博物館新館

11月 霜月

3日	文化の日萬葉雅楽会	春日大社 萬葉植物園
	けまり祭	談山神社
13日	慈恩会	薬師寺又は興福寺
14日	大神神社酒祭	大神神社
15日	七・五・三	各神社
23日	新嘗祭	春日大社

12月 師走

1日～8日	成道摂心	三松寺
14日	仏名会	東大寺 二月堂
15日	お身ぬぐい	唐招提寺
16日	良弁忌（法華堂・方広会）	東大寺 開山堂
15日～18日	春日若宮おん祭	春日大社
22日	冬至祭	正暦寺
29日	お身拭い	薬師寺
31日	年越大祓式	春日大社
	大祓式	護国神社
	除夜の鐘	県内各寺院
31日～1月1日	徹宵座禅	三松寺
31日～1月3日	御火焚祭	護国神社

※イベントの日程は年によって変更することがあります。

奈良 御朱印メグリスト

遷都1300年という長い歴史を持つ奈良には、たくさんの古寺が広い範囲に点在しています。

すべてを訪ねることはなかなか難しいので、エリアを絞ってめぐるのもよし、「世界遺産をめぐる」などテーマを絞るのもよいでしょう。ここではそんないくつかの「奈良メグリスト」をご紹介します。

（★印は本誌掲載寺）

南都七大寺

奈良時代に建立され、朝廷から厚い保護を受けていた7つの寺を南都七大寺と呼びます。

いずれも規模の大きなお寺ばかりで御朱印も数が多く、見どころもたくさんあります。

・興福寺★　奈良市登大路町48
・東大寺★　奈良市雑司町406-1
・西大寺★　奈良市西大寺芝町1-1-5
・薬師寺★　奈良市西ノ京町457
・元興寺★　奈良市中院町11
・大安寺　奈良市大安寺2-18-1
・法隆寺★　生駒郡斑鳩町法隆寺山内1-1

※法隆寺は斑鳩にあるので、唐招提寺を入れて南都七大寺とする説もあるそうです。

大和十三仏霊場めぐり

奈良県だけで完結するのがこの「大和十三仏霊場めぐり」です。それほど広範囲ではないので上手にコースを組めば、一日でも回れるかも……。

・第一番	寳山寺★	不動明王	生駒市門前町1-1
・第二番	西大寺★	釈迦如来	奈良市西大寺芝町1-1-5
・第三番	安倍文殊院	文殊菩薩	桜井市阿部645
・第四番	長岳寺★	普賢菩薩	天理市柳本町508
・第五番	矢田寺	地蔵菩薩	大和郡山市矢田町3506
・第六番	當麻寺（中之坊）★	弥勒菩薩	葛城市當麻1263
・第七番	新薬師寺★	薬師如来	奈良市高畑町1352
・第八番	小房観音	観音菩薩	橿原市小房町6-22
・第九番	長弓寺★	勢至菩薩	生駒市上町4445
・第十番	霊山寺	阿弥陀如来	奈良市中町3879
・第十一番	信貴山玉蔵院	阿閦如来	生駒郡平群町信貴山2280
・第十二番	円成寺★	大日如来	奈良市忍辱山町1273
・第十三番	大安寺	虚空蔵菩薩	奈良市大安寺2-18-1

見どころが
ありすぎて困るなー
のんびり回ろう

八十八面観音めぐり

8つの十一面観音をめぐることで八十八の仏様を拝し、あらゆる災いから救われるといわれる「八十八面観音めぐり」が、すべて奈良のお寺で結願します。

- 法華寺★　十一面観音　奈良市法華寺町 882
- 聖林寺　十一面観音　桜井市下 692
- 大安寺　十一面観音　奈良市大安寺 2-18-1
- 室生寺★　十一面観音　宇陀市室生 78
- 法輪寺★　十一面観音　生駒郡斑鳩町三井 1570
- 西大寺★　十一面観音　奈良市西大寺芝町 1-1-5
- 海龍王寺★　十一面観音　奈良市法華寺北町 897
- 長谷寺★　十一面観音　桜井市初瀬 731-1

西国薬師四十九霊場

薬師如来をめぐる四十九霊場は奈良を含め7府県に点在しています。奈良には9寺。

- 薬師寺★　奈良市西ノ京町 457
- 霊山寺　奈良市中町 3879
- 般若寺★　奈良市般若寺町 221
- 興福寺東金堂★　奈良市登大路町 48
- 元興寺★　奈良市中院町 11
- 新薬師寺★　奈良市高畑町 1352
- 久米寺　橿原市久米町 502
- 室生寺★　宇陀市室生 78
- 金剛寺　五條市野原西 3-2-14

ゆっくり回る
しか
なさそうね…

■西国三十三所札所めぐり

西国三十三所札所は、奈良をはじめ京都、大阪、ほか近畿5県にまたがる観音霊場ですが、
奈良県では4つのお寺があります。また、新西国三十三所札所には3寺があります。

○奈良の西国三十三所札所

・南法華寺（壺阪寺）	千手観音	高市郡高取町壺阪 3
・岡寺★	如意輪観音	高市郡明日香村岡 806
・長谷寺★	十一面観音	桜井市初瀬 731-1
・興福寺 南円堂★	不空羂索観音	奈良市登大路町 48

○奈良の新西国三十三所札所

・飛鳥寺★	聖観音	高市郡明日香村飛鳥 682
・橘寺★	如意輪観音	高市郡明日香村橘 532
・當麻寺★	當麻曼荼羅	葛城市當麻 1263

■関西花の寺二十五霊場

関西花の寺二十五霊場は、「花の寺」として親しまれている関西の二十五寺。

各寺で行われる「花説法」や年に一度の「花法要」といったイベントも開催されています。

奈良では7ヵ寺があります。

・般若寺★	奈良市般若寺町 221	ヤマブキ、アジサイ、コスモス
・白毫寺	奈良市白毫寺町 392	ハギ、カンザクラ、五色椿
・長岳寺★	天理市柳本町 508	平戸ツツジ、カキツバタ、紅葉
・石光寺	葛城市染野 387	ボタン、シャクヤク、寒ボタン
・當麻寺★	葛城市當麻 1263	シャクナゲ、ボタン、紅葉
・船宿寺	御所市五百家 484	平戸ツツジ、サツキ、オオデマリ
・金剛寺	五條市野原西 3-2-14	ボタン、コギク

奈良 御朱印メグリスト

■役行者霊蹟札所めぐり

役行者ゆかりの三十六寺社のうち、奈良は20ヵ所。山深い寺社も多いですが、山伏の心に触れることができるかも知れません。

- 金峯山寺★　吉野町吉野山 2498
- 如意輪寺★　吉野町吉野山 1024
- 竹林院　吉野町吉野山 2142
- 桜本坊　吉野町吉野山 1269
- 喜蔵院　吉野町吉野山 1254
- 善福寺　吉野町吉野山 2291
- 大日寺　吉野町吉野山 2357
- 東南院　吉野町吉野山 2416
- 吉水神社　吉野町吉野山 579
- 大峯山寺　天川村大峯山山上ケ岳頂上
- 龍泉寺　天川村洞川 494
- 菅生寺　吉野町平尾 150
- 吉祥草寺　御所市茅原 279
- 千光寺　平群町鳴川 188
- 寶山寺★　生駒市門前町 1-1
- 霊山寺　奈良市中町 3879
- 松尾寺　大和郡山市山田町 683
- 朝護孫子寺★　平群町信貴山 2280-1
- 室生寺★　宇陀市室生 78
- 大野寺★　宇陀市室生大野 1680

えっ、もう
お寺めぐりを
終えたの?
とりあえず
ひと休みよ

＼週末はお寺や神社で御朱印集め♪／

御朱印めぐりをはじめるなら 地球の歩き方 御朱印シリーズ

地球の歩き方 御朱印シリーズ

『地球の歩き方　御朱印シリーズ』は、2006年に日本初の御朱印本として『御朱印でめぐる鎌倉の古寺』を発行。以来、お寺と神社の御朱印を軸にさまざまな地域や切り口での続刊を重ねてきた御朱印本の草分けです。御朱印めぐりの入門者はもちろん、上級者からも支持されている大人気シリーズです。

※定価は10%の税込です。

御朱印でめぐる 東京の神社 週末開運さんぽ　改訂版
定価1540円(税込)

御朱印でめぐる 関西の神社 週末開運さんぽ
定価1430円(税込)

御朱印でめぐる 関東の神社 週末開運さんぽ
定価1430円(税込)

御朱印でめぐる 全国の神社 開運さんぽ
定価1430円(税込)

神社シリーズ

寺社シリーズ

寺社めぐりと御朱印集めがより深く楽しめる情報が充実。期間限定御朱印などもたくさん掲載

御朱印でめぐる 東海の神社 週末開運さんぽ
定価1430円(税込)

御朱印でめぐる 千葉の神社 週末開運さんぽ　改訂版
定価1540円(税込)

御朱印でめぐる 九州の神社 週末開運さんぽ　改訂版
定価1540円(税込)

御朱印でめぐる 北海道の神社 週末開運さんぽ
定価1430円(税込)

御朱印でめぐる 埼玉の神社 週末開運さんぽ　改訂版
定価1540円(税込)

御朱印でめぐる 神奈川の神社 週末開運さんぽ　改訂版
定価1540円(税込)

御朱印でめぐる 山陰 山陽の神社 週末開運さんぽ
定価1430円(税込)

御朱印でめぐる 広島 岡山の神社 週末開運さんぽ
定価1430円(税込)

御朱印でめぐる 福岡の神社 週末開運さんぽ　改訂版
定価1540円(税込)

御朱印でめぐる 栃木 日光の神社 週末開運さんぽ
定価1430円(税込)

御朱印でめぐる 愛知の神社 週末開運さんぽ　改訂版
定価1540円(税込)

御朱印でめぐる 大阪 兵庫の神社 週末開運さんぽ
定価1430円(税込)

御朱印でめぐる 京都の神社 週末開運さんぽ　改訂版
定価1540円(税込)

御朱印でめぐる 信州 甲州の神社 週末開運さんぽ
定価1430円(税込)

御朱印でめぐる 茨城の神社 週末開運さんぽ
定価1430円(税込)

御朱印でめぐる 四国の神社 週末開運さんぽ
定価1430円(税込)

御朱印でめぐる 静岡 富士 伊豆の神社 週末開運さんぽ　改訂版
定価1540円(税込)

御朱印でめぐる 新潟 佐渡の神社 週末開運さんぽ
定価1430円(税込)

御朱印でめぐる 全国の稲荷神社 週末開運さんぽ
定価1430円(税込)

御朱印でめぐる 東北の神社 週末開運さんぽ　改訂版
定価1540円(税込)

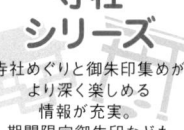

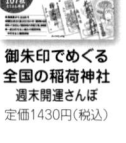

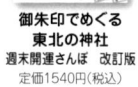

お寺シリーズ

御朱印でめぐる
関東の百寺
〈坂東三十三観音と古寺〉
定価1650円(税込)

御朱印でめぐる
秩父の寺社
〈三十四観音完全掲載〉改訂版
定価1650円(税込)

御朱印でめぐる
高野山
三訂版
定価1760円(税込)

御朱印でめぐる
東京のお寺
定価1650円(税込)

御朱印でめぐる
奈良のお寺
定価1760円(税込)

御朱印でめぐる
京都のお寺
改訂版
定価1650円(税込)

御朱印でめぐる
鎌倉のお寺
〈三十三観音完全掲載〉三訂版
定価1650円(税込)

御朱印でめぐる
全国のお寺
週末開運さんぽ
定価1540円(税込)

御朱印でめぐる
茨城のお寺
定価1650円(税込)

御朱印でめぐる
東海のお寺
定価1650円(税込)

御朱印でめぐる
千葉のお寺
定価1650円(税込)

御朱印でめぐる
埼玉のお寺
定価1650円(税込)

御朱印でめぐる
神奈川のお寺
定価1650円(税込)

御朱印でめぐる
関西の百寺
〈西国三十三所と古寺〉
定価1650円(税込)

御朱印でめぐる
関西のお寺
週末開運さんぽ
定価1760円(税込)

御朱印でめぐる
東北のお寺
週末開運さんぽ
定価1650円(税込)

テーマシリーズ

寺社の凄い御朱印を
集めた本から鉄道や船の印を
まとめた1冊まで
幅広いラインアップ

御朱印でめぐる
東京の七福神
定価1540円(税込)

日本全国
この御朱印が凄い！
第弐集 都道府県網羅版
定価1650円(税込)

日本全国
この御朱印が凄い！
第壱集 増補改訂版
定価1650円(税込)

一生に一度は参りたい！
御朱印でめぐる
全国の絶景寺社図鑑
定価2497円(税込)

日本全国
日本酒でめぐる酒蔵
&ちょこっと御朱印〈西日本編〉
定価1760円(税込)

日本全国
日本酒でめぐる酒蔵
&ちょこっと御朱印〈東日本編〉
定価1760円(税込)

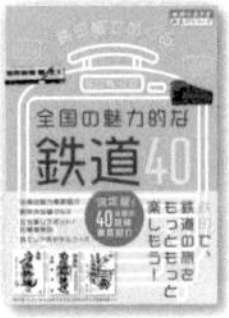
鉄印帳でめぐる
全国の魅力的な鉄道40
定価1650円(税込)

御船印でめぐる
全国の魅力的な船旅
定価1650円(税込)

関東版ねこの御朱印&
お守りめぐり
週末開運にゃんさんぽ
定価1760円(税込)

日本全国ねこの御朱印&
お守りめぐり
週末開運にゃんさんぽ
定価1760円(税込)

沿線シリーズ

人気の沿線の
魅力的な寺社を紹介。
エリアやテーマ別の
おすすめプランなど
内容充実

御朱印でめぐる
東急線沿線の寺社
週末開運さんぽ
定価1540円(税込)

御朱印でめぐる
中央線沿線の寺社
週末開運さんぽ
定価1540円(税込)

聖地シリーズ

山・森・水・町・島の
聖地として
お寺と神社を紹介

御朱印でめぐる
全国の聖地
週末開運さんぽ
定価1430円(税込)

御朱印でめぐる
関東の聖地
週末開運さんぽ
定価1430円(税込)

www.arukikata.co.jp/goshuin/ 検索

地球の歩き方　御朱印シリーズ03

御朱印でめぐる奈良のお寺

2024年7月9日　初版第1刷発行

著作編集 ● 地球の歩き方編集室

監修 ● 西山厚（奈良国立博物館 名誉館員）

発行人 ● 新井邦弘

編集人 ● 由良暁世

発行所 ● 株式会社地球の歩き方
〒141-8425　東京都品川区西五反田2-11-8

発売元 ● 株式会社Gakken
〒141-8416　東京都品川区西五反田2-11-8

印刷製本 ● 開成堂印刷株式会社

編集・企画 ● 喜多野由依・山下将司・馬渕徹至・岡田裕子〔株式会社ワンダーランド〕

執筆 ● 小川美千子

アート ディレクター ● 湯浅祐子〔株式会社ワンダーランド〕

デザイン ● 湯浅祐子・松永麻紀子・水野政幸・吉田健明〔株式会社ワンダーランド〕・又吉るみ子〔メガスタジオ〕

マップ制作 ● 齋藤直己〔マップデザイン研究室〕

イラスト ● 湯浅祐子〔株式会社ワンダーランド〕・安久津みどり

撮影 ● 入交佐妃

編集・制作担当 ● 保理江ゆり

●本書の内容について、ご意見・ご感想はこちらまで
〒141-8425 東京都品川区西五反田 2-11-8
株式会社地球の歩き方
地球の歩き方サービスデスク「御朱印でめぐる奈良のお寺」投稿係
URL ▶ https://www.arukikata.co.jp/guidebook/toukou.html
地球の歩き方ホームページ（海外・国内旅行の総合情報）
URL ▶ https://www.arukikata.co.jp/
ガイドブック『地球の歩き方』公式サイト
URL ▶ https://www.arukikata.co.jp/guidebook/

※本書は基本的に2024年5月の取材データに基づいて作られています。
発行後に拝観料、拝観時間などが変更になる場合がありますのでご了承ください。
更新・訂正情報：https://www.arukikata.co.jp/travel-support/

●この本に関する各種お問い合わせ先
・本の内容については、下記サイトのお問い合わせフォームよりお願いします。
URL ▶ https://www.arukikata.co.jp/guidebook/contact.html
・在庫については　Tel ▶ 03-6431-1250（販売部）
・不良品（落丁、乱丁）については　Tel ▶ 0570-000577
学研業務センター　〒354-0045　埼玉県入間郡三芳町上富 279-1
・上記以外のお問い合わせは　Tel ▶ 0570-056-710（学研グループ総合案内）

※本書は株式会社ダイヤモンド・ビッグ社より2012年6月に初版発行したものの最新・改訂版です。

学研グループの書籍・雑誌についての新刊情報・詳細情報は、下記をご覧ください。
学研出版サイト　https://hon.gakken.jp/
地球の歩き方　御朱印シリーズ　http://www.arukikata.co.jp/goshuin/